神と仏の風景「こころの道」

廣川勝美

Hirokawa Katsumi

a pilot of wisdom

目次

はじめに

共に祈り、心を寄せる、神仏和合の霊場

平成二十年三月二日、比叡山延暦寺《ひえいざんえんりゃくじ》において「神仏霊場会《しんぶつれいじょうかい》」の設立総会が開催された。この会は、明治の神仏分離以来おおよそ百四十年の歴史を越えて、近畿一円の伝統のある百五十社寺が相互協力を深めようとして参集したものである。

わが国の伝統的な神道と仏教は、各時代を通して日本人の宗教的心情や精神文化の中心を形成してきた。その神仏同座、神仏和合のありようは、明治の「神仏判然令」に基づくいわゆる神仏分離によって大きく影響を受けた。それ以来、わが国の神道や仏教は、さまざまな困難を抱えてきたのである。

そうしたなかで、かねてより、西国《さいごく》の神社と寺院が相協力して、神仏の威徳を高揚し、本来の神仏同座、神仏和合の精神をもって相互巡拝を推進することが図られてきた。

私たちは、神社と寺院が、相互の理解を深め、この国の伝統的な精神文化、とりわけ、宗教的価値観を新しいかたちでよみがえらせ、再確立することを願ってきた。そして、ようやく「神仏霊場会」の設立をみたのである。

霊場巡拝ということでは、これまでに西国観音霊場三十三ヶ所や弘法大師の遺蹟を巡る四国霊場八十八ヶ所がある。しかし、今回発足した「神仏霊場会」の巡拝の道は、その霊場の数、巡拝の道の総距離などにおいて、従来を大きく上回るスケールで構想されてきた。

それよりも何よりも、神社と寺院をともに霊場として巡る、神仏同座の道として巡拝されることが画期的である。その構想の壮大さに驚く人も多い。

しかし、実は、明治の神仏分離以前、つまり仏教伝来から江戸時代までは、「神社のなかにお寺があり、お寺のなかに神社がある」のは、当たり前の姿、風景であった。そうした、おおらかな神仏和合のありようがかつてはあったのである。

江戸時代の伊勢参宮、いわゆる「お伊勢参り」の旅人たちは、神宮への参拝だけでなく、その道の途上、寺院への参詣も普通に行っていた。このことが、今回の「神仏霊場 巡拝の道」の大きな礎となったのである。

明治に一旦途絶えた神仏同座の精神が再びよみがえり、二十一世紀の世界に誇れる巡拝の道が誕生した。

いま、世界をみるとき、争いの絶えることがない。戦火のやむこともない。しかも、宗教の名においてなされる争いも、ある。そうしたとき、世界の平和を願い、人類の幸福を導くのが本来の宗教であるならば、私たちは、宗教、宗派の違いを超えて設立された「神仏霊場会」のコンセプトを世界に積極的にアピールすることができるだろう。つまり、争いの超克のための「日本モデル」としてである。

「神仏霊場会」発足にあたっての神仏霊場会名誉会長の天台第二百五十六世座主半田孝淳猊下《げいか》の挨拶には、次のような言葉があった。

現代は、なかなか容易ならぬ時代でございます。非常に乱れております。何としても、この世に平和な灯を掲げるように、ここにご参集の皆様の叡智を振るっていただいて、そして、人・神・仏が同じ歩調で明るい世の中をつくっていただきたいことと念願するものであります。

この一言にすべてが尽くされている。人心の平安、社会の安寧を願うための聖地霊場である。それは宗教や宗派を超えて、広く世界に開かれている。

また、会長の森本公誠東大寺長老は次のように挨拶した。


縁ありましてイスラム諸国の高位高官や、一般の方とお付き合いがあるが、話の中で、なぜ日本は神道と仏教とが共存できるのかと問われる。これは彼らにとって非常に理解しがたく不思議なもののようです。

大変グローバリズムということが一般化されております現代世界の中で、日本人としての心を示すのにはどうすれば良いのか、ということで、こういう形をずっと思っておりました。

神仏を共に尊ぶ、これこそ真に日本の精神の柱で、古来の伝統なのだということを日本人として発信すれば良いのではないか、と思っています。

神仏を尊ぶという伝統的精神は、それと現代社会との関係と、それを支えてきた基盤という両面から見直す必要がある。そのためには、いずれも、神社界と寺院界双方の協力が重要である。

森本公誠師が東大寺別当のころ、私が「神を信じる者も仏を信じる者も共に祈ることを願っています」と申し上げると、「キリスト教のあなたもですか」と言われたことを思い出す。人の世にあって、それを超えた何ものかに手を合わす。宗派や宗教、ことによれば思想や信条にかかわらず、そのような心情が私たちの奥底にある。

私は今日まで、そのような見えない神を探しつづけてきた。そして、私は異国の神に自らを託した。そう思っている。

日本人にとって救いとは何か

異教徒の一人である私は、このたびの神仏和合の祈りの道の実現を目指して、神社界と仏教界の理解と協力を願ってきた。その根本的な理由は、私が、この国における、日本人にとっての救いとは何か、ということを問いつづけてきたことにある。

私の専門とする日本文学には、各時代を通して神と仏を求める人たちが描かれている。ことに私が心惹《ひ》かれたのは、出家を志す平安時代の女性たちである。

人生の途上で、それまでの生活から一転して仏に仕える身となることを求める。その回心の契機は何であれ、そこには救いへの願望がある。しかし、仏道を求めるすべての者が本意を遂げられたわけではない。むしろ、そのことが果たされず終わった者のほうが多い。

私の生涯を通じての研究は、結局のところ、若き日に提出した論文の「紫式部の文学と仏教思想」というテーマからそう遠くに離れてはいない。

紫式部は「日記」の随所に出家の願いを表明している。そして、求道心ゆえに貴族社会の現実に没しきれぬ自らを記している。紫式部の『源氏物語』は、功徳《くどく》をもって愛執の念を断ちきろうとする浮舟の覚悟のままに閉じられている。そこに紫式部の救済があると、いまでも私は考えている。

彼岸《ひがん》と此岸《しがん》の間に人の生はある。それを人びとは生きていく。その限られた生命の営みを「生と死の間」と単純に置き換えることは、私にはできない。人の生死には意味がある。それを説き明かすのが宗教といわれるものの役割である。

今日に至るまでの日本人の暮らしには、古来の神々や千年を超える歴史を有する仏が何らかのかたちでかかわっている。そこには、特別の場合を除き神も仏も区別はなかった。神道と仏教は、時には対立し、時には和睦しながら、さまざまに関係を変えて共存してきた。それを「神仏習合」と表現するのは近代である。そのような言葉を用いずとも、人びとは神と仏を共に受け入れてきた。そのような宗教的心情が私たち日本人のものの見方や感じ方の基本にある。

「癒し」と、その先にあるもの

わが国には、古来、数多くの神社や寺院が造営され、それぞれに氏子や檀家《だんか》、崇敬者や信者が参詣する。そして、年間を通じてさまざまな神事や祭礼、仏事や法会が行われている。そのいずれにも、私たちはいろいろの機会を得て参列したり見物したりする。

また、私が年月をかけて旅をした各地では、山河に鎮《しず》まる神々を祀《まつ》り、祖先の霊を弔《とむら》う儀式や行事が続けられている。神を敬い仏を尊ぶのが慣わしとなっている。

しかし、そのことと、神や仏を信じることとは別である。改まって問われたならば、日本人の多くが無宗教と答える。それがわが国の現状である。むしろ、「宗教」という言葉に違和感を抱く。その一方で、人びとは、頼ることのできる何ものかを求めている。そして、眼に見えない霊性や霊魂などの存在を認めようとする。

現代人の多くは、生きる拠りどころが動揺し見失われるなかで、新たな頼るべき何かを求めようとする。そこには、自己探求、自己解放、ホスピスケア、自然環境など、さまざまな言葉で表されるテーマが含まれている。

それらに共通するのは、生きることの意味を問い、生命の不思議を体感しようとすることである。そのキー・ワードが「癒し」である。

こうした傾向の是非はいわない。ただ、現代社会の陰惨な出来事を見聞きするにつけても、私たち人間が自らを超えたものの存在を再び思い起こすことの大切さを痛感する。自らを超えた大いなるものの宿る聖地がわが国には数多くある。樹々の茂る深い森や、人を遠ざける高い山には、神や仏に対する信仰の古層が連なっている。

そのような神仏は、グローバリズムの進行するこの時代にあって、人類に共通する宗教的心性における原始的な霊的存在として理解される傾向がある。しかし、そのことは、かえって、この国の風土において、神と仏と呼ばれる聖的存在としての特性を喚起することになる。日本の文化の「かたち」と「こころ」が改めて認められるにちがいないと私は考えている。

私がキリスト教の視点から、日本人にとっての救いとは何かと問うことの意味は、もとより問題を政治的、社会的な現象の領域においてとらえるところにはない。あくまで文化的、宗教的な精神の領域でとらえようとするものである。つまり、自然や風景のなかに神や仏を見る、あるいは草や花に鎮魂や救いの感覚を託すという、日本人の感性、精神性の追究である。

これは、キリスト教が一神教であり、日本の神道が多神教であるという違いの問題ではなく、私たちが多面的で多様性をもった神々を敬うと同時に、種々の仏をも信ずるという、私たちの信仰のあり方の問題である。

神社本庁副総長の石清水《いわしみず》八幡宮《はちまんぐう》田中恆清宮司は、私たちとの対談のなかで、

神仏同座、神仏和合は世界に例を見ない独特の信仰です。単に神と仏が仲良くした

だけではなく、神仏が出会ってできあがった全く新しい日本的な信仰だと思います。
それが日本人にもっともマッチしたものとして千年以上続いてきました。

と語っている。

明治の宗教政策が行った神仏分離以降、百四十年という近代の歴史においても、私たちの暮らしのなかで、神と仏は、さまざまなかたちで共存してきた。それは日本人の精神の奥底にある伝統的な感性であり、心情なのである。

世界文化遺産としての意味

遥かなる時を経た山河や自然は、私たちの「こころの故郷」である。人びとは自然とのかかわりを通して暮らしを営み、文化を育んできた。私たちは自然とともに安らかに生きることを願う。そして、山川草木、自然のなかに神と仏、眼に見えない聖なるものを感じて見いだしてきた。

山や森、自然のうちにある神仏の聖地霊場は、日本人の「こころの故郷」というべきものであり、私たちの今後の生き方を方向づけていく「こころの拠りどころ」である。神と仏は山河に鎮まり、自然において神と仏は結ばれている。人びとは自然のうちに神を感じ仏を信じてきた。そうした見えざる聖なるもの、神や仏への思いや願いが、この国の人びとの生き方やものの見方、感じ方の根底にあったのである。

その山や森に神や仏をたずねて巡る道には、日本人のこころが伝えられている。神と仏、そして人を結ぶのは道である。長い年月をかけて、神の道と仏の道は重なりあいながら、神社や寺院、聖地霊場をつなぐ「参詣道」や「巡礼道」として整えられてきた。

そこに貫かれているのは神仏同座、神仏和合の精神であり、その精神は、人びとに安らぎと慰めを与えてきた。

こうした伝統的な宗教的心情をよみがえらせ、再び確固としたものにすることが、アイデンティティのみえにくくなっている現代において、切に求められていると私は考えている。このたびの「神仏霊場会」の願いはここにある。

平成のこの時代、自然環境や歴史的な景観は破壊され、長い年月をかけて育んできた文化遺産も危機に瀕《ひん》しようとしている。

山や森の、神と仏、そして人を結ぶ道は、現代の都市の喧噪《けんそう》のなかで見失った自然をよみがえらせるとともに、自然のうちに生きる精神をよみがえらせ、私たちを「魂の原郷」「こころの故郷」に連れ戻してくれるはずである。

神の鎮まり、仏の宿る、緑濃き山、水清き川、深き森には、いまなお人びとの思いや願いなどの刻みこまれた祈りの道が続いている。

そのような祈りの道が、特に、大和《やまと》や山城《やましろ》、その周辺に広がる、紀伊《きい》、熊野《くまの》、吉野《よしの》、高野《こうや》、近江《おうみ》などの各地に集中している。古代の都と畿内、今日いうところの西国、近畿圏である。

この地には、世界遺産として日本から最初に推薦された「法隆寺地域の仏教建造物」(一九九三年十二月登録)をはじめ、「古都京都の文化財(京都市、宇治市、大津市)」(一九九四年十二月登録)、「古都奈良の文化財」(一九九八年十二月登録)、さらに「紀伊山地の霊場と参詣道」(二〇〇四年七月登録)などがある。

その世界文化遺産社寺をもう少し詳しくみてみよう。

「法隆寺地域の仏教建造物」

法隆寺

「古都京都の文化財」

賀《か》茂《も》御《み》祖《おや》神社・賀茂別雷《わけいかずち》神社・教王護国寺（東寺《とうじ》）・清水寺・醍醐寺《だいごじ》・仁和《にんな》寺《じ》・高山寺《こうざんじ》・西芳寺《さいほうじ》・天龍寺・鹿苑寺《ろくおんじ》（金閣）・慈照寺（銀閣）・龍安寺《りようあんじ》・本願寺・二条城・延暦寺・平等院・宇治上神社

「古都奈良の文化財」

東大寺・興福寺・春日《かすが》大社・元興寺《がんごうじ》・薬師寺・唐招提寺・平城宮跡・春日山原始林

「紀伊山地の霊場と参詣道」

高野山

丹生《にう》官省符《かんしようぶ》神社・丹生都比売《にうつひめ》神社・金剛峯寺《こんごうぶじ》・慈尊院

熊野三山

熊野本宮大社・熊野速玉《はやたま》大社・熊野那智《なち》大社・青岸渡寺《せいがんとじ》・補陀洛山寺《ふだらくさんじ》・那智大《なちのおお》

滝《たき》・那智原始林

吉野・大峯

吉野山・吉野水分《みくまり》神社・金峯山寺《きんぷせんじ》・金峯神社・吉水《よしみず》神社・大峰山寺

参詣道

高野山町石道・熊野参詣道・大峯奥駈《おおみねおくがけ》道・小辺路《こへち》・大辺路《おおへち》・伊勢路

ここにあげられている神社仏閣、山野、森林、道、そしてそのすべてを包含する自然、風景は、この国の文化と歴史の根幹を形成してきたものである。そして、その有する普遍的価値を内外に発信することは、自然破壊が著しく進み、混迷を極める現代において、文化・芸術などの発展、将来の社会形成や国づくりに資するものではないか。

また、世界的規模での自然環境や、精神文化に裏打ちされた歴史遺産の保護のためにも、極めて重要であると考える。

世界遺産とは何か。それは、人類全体が共有すべき価値をもつ文化であり、自然である。このことを、私たちはいま一度胸に深く刻みこんでおきたい。

ここに紹介した近畿圏の世界遺産は、その大半が、山や森、自然を基盤とする神社や寺院である。あるいは「霊場」や、それらを相互につなぐ「参詣道」といった、自然的価値と文化的価値が一体となった聖地である。それらは、私たちの神と仏、そして自然を敬う感性や心情に支えられたものである。

しかも、それらは単なる過去の遺物ではない。いま現在も人びとの生活のなかで活用されているものばかりである。

「神社のなかに寺があり、寺のなかに神社がある」当たり前の風景

神社や寺院は一般に開かれていて、「社寺巡り」という言葉があるように、宗教や宗派にかかわらず広く神社や寺院を訪ね歩くことが慣いとなっている。

私たちは、由緒ある神社や寺院に参拝し、社殿や仏閣、庭園、あるいは、周囲を取り巻く森や山々などに、安らぎや慰め、和やかさや癒しを感じたりする。宗教的感動といってもよい。

そこには神社と寺院の区別もなく、また、宗派の壁もない。そのかぎりにおいて、厳密な意味での宗教行動ではない。かといって単なる物見遊山でもない。敢《あ》えて区別するなら、それは、「こころ」を求めるための旅といえるのではなかろうか。

情報社会といわれ、グローバリゼーションの進むこの時代において、世界が情報でつながることによって、各地域はともすれば独自の文化の「かたち」や「こころ」を失ってしまう傾向にある。いや、それはますます現実のこととなってきている。

だからこそ、私は、いま、遥かなる時を経た自然と、そこに営まれた歴史と文化を通して、自らを見直すことが極めて大切であると考えているのだ。

自然のうちに人が神と仏に出会うという感性や心情を基本とする精神文化の価値観を新しいかたちで再確立することがいま求められていると思う。

山や森、そして自然に神や仏が宿る。神と仏は自然のうちにおいて共存する。人は森や山に入って神や仏に出会う。四周の深い森や高い山に鎮座する神社や寺院は、この国の風景の原型である。神と仏の風景である。

そこには、人びとのこころのありようが映され、祈りや想いや願いが込められている。それはある種の懐かしさの漂う風景である。

そして神と仏の風景は、特有の季節感や自然観にささえられながら、身と魂、生と死、天と地を結び、死生観や宗教観にふれるものとなる。

自然に巡り来る四季折々のなかで、神社や寺院において、季節ごとに月次の神事や仏事など年中行事が営まれる。人びとは神社や寺院に参詣し、あるいは儀式や行事に奉仕する。それが慣わしであった。

そのような神事や仏事は、都市においてであれ農村においてであれ、私たちの精神構造の深層にある宗教的心情を培ってきたといえる。それによって人びとは暮らし得たのである。

古代から近代に至る仏と神の風景はさまざまに変化してきたが、精神の深層にある自然における神と仏の共存は、人びとが何よりも安らぎと慰めを求める現代社会において、より大きな意味をもっていると私は考えている。

仏教が伝来した七世紀から明治維新前の江戸期まで、「神社のなかに寺があり、寺のなかに神社がある」という、おおらかなかたちで神と仏は共存していた。それは、私たちの風土の風景として「当たり前」のものであった。

いま、私たちは、その「当たり前の風景」を取り戻そうとしている。その「当たり前の風景」のなかを歩こうとしている。それは自らのこころの風景を取り戻す道、「神仏霊場巡拝の道」である。その道を踏み固めながら、人生を最後まで歩きつづけたいと私は思う。

第一章　画期的な「神仏霊場　巡拝の道」の誕生

おおらかな神仏共存と、明治初期の「神仏分離」

いま、自然と歴史が生み出した伝統的な文化と精神的な価値観を改めて見直すことが求められている。その中核に位置するのは、「もったいない」とか「ありがたい」といった言葉にも含められた、大きくいえば人びとの宗教的心情である。そのためにもまず失われた神と仏の風景をよみがえらせることが大切であると私は思ってきた。

京都や奈良には、歴史的な名社や古刹《こさつ》が数多くある。緑濃き森のなか、清き水辺に、伽《が》藍《らん》や社殿が甍《いらか》を並べている。そして、境内には整えられた庭園が広がっている。その向こうに山々の稜線が連なっている。

多くの寺に神があり、社に仏がある。仏と神の坐《いま》す風景である。これは明治時代まで続いてきた神仏同座、神仏和合の精神が表れた風景である。それは神社や寺院を取り囲む山や森にも表れている。あるいは社殿や伽藍、仏像や神像などにも見えることである。

各種の社寺参詣曼陀羅絵図《しゃじさんけいまんだらえず》や社寺境内図《しゃじけいだいず》などには、神社の境内に神宮寺あるいは本地堂、仏塔、鐘楼、堂舎などの仏教建築が描かれている。また寺院の境内には地主神社、護法神社、鎮守神社、祠堂《しどう》などの神道建築がある。寺院、神社の境内に伽藍や社殿が存在している。この傾向は鎌倉・室町時代を経て、江戸時代に至って顕著になった。それは、幕府による社寺の整備再興後に刊行された各地の「名所図会《ずえ》」などに示されている。

こうした社寺の風景は、現在では大きく変化した。都市化が市中のみならず、周囲の自然環境にまで著しく影響した。寺社の山や森は衰退し、風景は破壊され続けている。

この状況はますます深刻になりつつある。しかも、それは自然環境の問題にとどまらず、宗教をはじめとする精神と文化の問題にも密接につながっている。

今日、神と仏の共存が困難になっているのは、現代の自然環境、社会的状況が原因のすべてではない。近くは、明治の神仏分離のもたらしたものである。これは宗教的精神と文化のあり方の根底にかかわる本質的な問題である。

明治の神仏分離は、神社における堂塔僧坊などの仏教建築の解体、仏像・僧形神像・仏具の廃棄、神号・神社名の変更、祭奠《さいてん》・儀式の神道化や、別当《べっとう》・社僧の還俗《げんぞく》などを求めた。

同じように、寺院における神社建築の解体、神像・神具の廃棄などが行われ、廃仏毀釈《はいぶつきしゃく》に及ぶ急進的な宗教改革が行われた。御一新は、神と仏の危機といえた。

この神仏分離によって、奈良や京都などの古くからの社寺は、未曾有《みぞう》の変革を迫られた。壊滅的な打撃といってよい。

この明治初年の神仏分離以来、神道、仏教は、さまざまな困難を抱えてきたのである。そのことは、現代人の神仏への信仰心のゆらぎと、その反面としての安らぎと慰めの渇望となって表れていると思われる。

「綾戸大明神《あやとだいみようじん》」の法要、大祭

こうした現状に立って、奈良、京都、大津など各地の神社と寺院は、学界とも連携して、明治の神仏分離以前にあった神仏和合の精神の復興を求めて、相互交流を進めてきた。

私自身は、すでに記したように、日本文学を研究する学界の人間であり、また、高校生のときから通っていた教会で、大学に入学した年の五月二十九日の聖霊降誕日に受洗したキリスト教徒である。

私の神仏に対する関心は、最初のころは、キリスト教徒が仏事や神事にどう対処するかという点にあった。そして、文学と宗教における学問的関心によって神道と仏教を研究対象としてきた。

その私が、六世紀の仏教伝来から江戸期に至るまでの間にあった神仏和合のあり方に戻ろう、という大事業にかかわってきたのである。それは、研究上の課題にとどまるものではない。まさにこの数十年、京都や奈良といった古都も、例外なく高度経済成長やバブル経済の嵐のなかで、狂乱の土地ブームの渦中にあった。そうして、精神文化を支えてきた森林山野が荒れていった。そのことを目で見、肌で感じてきた。私の「神仏霊場会」にかかわる行動の背後には、見えざる大いなる存在があると思えてならないのである。そして宗教が、世界の調和と平和の源泉としての役割を改めて求められている二十一世紀の、時代の要請であると、私は感慨を覚えざるを得ない。

このたびの「神仏霊場会」の設立に至るまでのほぼ十年にわたる年月は、明治の神仏分離以来の神社と寺院の相互理解の過程でもある。それは人的交流にとどまらない、神仏同座の儀式において表される神仏和合の精神の発露であった。

時間をかけ、議論を深めながら、奈良、京都、大津などの神道界と仏教界は、真摯《しんし》に神仏和合の精神の復興の道筋を探求した。その結果、ようやく、神仏合同の儀式が執り行われることになったのである。

その最初は、平成十五年十月十五日に斎行された南禅寺境内の「綾戸大明神」の法要並びに大祭であった。

この綾戸大明神は南禅寺の鎮守として奉祭されている小祠《しようし》だが、現在は法要が行われているだけであった。そこで、亀山法皇七百年遠忌《おんき》記念として、神社祭式による祭祀《さいし》の斎行が南禅寺と奉賛会によって申し出られた。しかし、綾戸大明神の勧請《かんじよう》の詳細と由緒は寺側にもわからなくなっていた。

私は、「綾戸宮《あやとのみや》社記」『南禅寺史』『都名所図会』『花洛名勝図会』や各種の地誌など関係資料を蒐集《しゆうしゆう》調査して、「瑞龍山《ずいりゆうざん》南禅寺鎮守綾戸大明神由緒」をしたためた。それによって祭典奉仕や神社や寺院の参列などについて用意をし、儀式を整えることができたのである。

法要並びに大祭は、中村文峰臨済宗南禅寺派管長を導師とし、吉田神社澤井隆男宮司を斎主として執り行われた。これは南禅寺が行っていた法要にあわせて大祭を修したものであった。このとき、中村文峰管長は挨拶文に「暗い世相の現代、神仏への純粋な祈りこそ明るい人生の根源となる」とし、「我国の宗教精神たる神仏併修の新たな歴史を刻むこととして誠に慶ばしい」という言葉を記している。

清水寺における「国家安泰世界平和祈願祭」

次いで、清水寺《きよみずでら》本堂において、「国家安泰世界平和祈願祭」が斎行された。平成十五年十一月七日のことである。この儀式は、その後の「神仏霊場会」の設立の基礎をなすものであったと私は考えている。

この経緯についても少し記しておきたい。

振り返れば、おおよそこの十年のなかで、奈良、京都、大津などの社寺が、私たち学界も含めて相互交流を進め、深めるうちに、明治の神仏分離以前には行われていた儀式の復興を願う構想が次第に固まってきたといえる。

それが、清水寺の奥之院本尊の開帳を記念して、寺院と神社が協同して祈願祭を実施する、という形式で実現することとなったのである。

それは、清水寺の森清範貫主の「神仏が分けられたのは人為であって、日本人の心の中で分かれたわけではない。これが日本の伝統的なこころを見直す一つの機会になればありがたい」という言葉と、石清水八幡宮の田中恆清宮司の「宗教間協力がいくら盛んでも、やはりすべての宗教を一つにまとめるというのは不可能です。しかし、清水寺のご本尊様に、神職の作法で祝詞《のりと》をあげるのは、私には違和感がないし、逆にそれが本当の意味での宗教間の交わりというか、日本人の宗教観の一つの表現と感じる」という考えがもとになったものである。

私がこの「祈願祭」を提案したのは、清水寺が法要を修される折に、梵天《ぼんてん》、帝釈天《たいしやくてん》、四天王《してんのう》などの諸仏に護持を祈願されるだけではなく、神々にも加護をお願いすると聞いていたからである。

法会の次第のなかで導師が読み上げる「神分《じんぶん》」とあるのが、それである。つまり、僧侶が読み上げる仏教法要の文言のなかで「神々」の名、「神号《しんごう》」が読み上げられるのである。

天照大神、八幡三所、加茂下上、松尾、平野、稲荷、大原、春日、住吉、山王、新羅、北野、鹿島、八坂等の諸大明神、守護伽藍、十六善神、地主名神、一百余社ノ諸大明神等

このように神号を唱えて勧請し、『般若心経《はんにゃしんぎょう》』一巻を誦《ず》する。神祇《じんぎ》の加護によって法会の魔障《ましょう》を払うのである。

明治の神仏分離の後も厳粛に行われていた法会の次第である。そして、同様のことがその他の寺においても行われていることは、一般には知られていない。

「神分」に基づいて、所載の神社のうち京都の八社の参列を願って、儀式を執り行うことになった。清水寺本堂における神仏合同の「国家安泰世界平和祈願祭」は、この二十一世紀の現代においては、まさに画期的な出来事であったと思う。

「神仏協同」の理念をさらに一歩推し進め、祭儀として明らかにしようとするものであった。まず、石清水八幡宮の神水《しんすい》と清水寺音羽《おとわ》の滝の霊水《れいすい》をこのたびの神仏和合のしるしとして、斎主と導師が相並んで奉献することが取り決められた。

しかし、神仏合同の儀式の実現には、寺院側と神社側双方の作法や教義の違いをどのように調整し、どのような祭式にするのかという問題がある。何よりも、神職が奉仕する祭典が神前ではなく、仏前であることが大きい課題となった。

検討を要した事柄は、導師と寺僧、斎主と祭員の座、行列の並び方や順序、祭員の服装や仏前に供える供物の種類、天下清祓《あめがしたきよはらい》や神水奉献の手順、神職及び参列者の拝礼作法など広範囲にわたった。

もっとも重要な作法は、斎主の祈願詞奏上における拝礼と、斎主以下祭員及び参列者の玉串奉奠《たまぐしほうてん》の拝礼である。

これらについて、石清水八幡宮の西中道禰宜《ねぎ》によって慎重に儀式が整えられた。そのうえで、神仏協同の儀式の趣意を一致させ、斎主の祝詞や導師の表白として仏前に捧げる用意がなされたのである。

「清水の舞台」での献花祭のインパクト

この日、「清水の舞台」の上で、僧侶の散華《さんげ》が舞い、巫女《みこ》の神楽《かぐら》が奏された。そして、斎主が大麻《おおぬさ》を振り、切麻《きりぬさ》を撒いて「天下清祓」が行われた。それを修学旅行の生徒や拝観者がカメラで追っていた。事情を知らない人は、寺院での神楽の舞いに驚き、逆に少しでも日本の宗教の歴史、経緯が頭にある人は、「あり得ない」と戸惑いを覚えたかもしれない光景であった。

清水寺での「国家安泰世界平和祈願献花祭」（平成19年5月）

しかし、神職と僧侶が並んで儀式を進めるその光景は、これからの神仏和合の大事業の進展を大いに予測させるものであったにちがいない。この儀式は、テレビ、新聞、雑誌など、いわゆるマスコミも注目した。カメラで儀式を追っていたのは、修学旅行の生徒だけではなかったのである。

清水寺のこの祈願祭は、第二回目以降、一般の人びとも参加できるように、「献花祭」として、本尊にお供えする季節の花を用意した。外国からの参詣者も含めて自由に献花して世界平和を祈願している。

平成十七年四月の「献花祭」の案内文をあげておく。

音羽山清水寺国家安泰世界平和祈願献花祭御案内

宝亀九年（七七八）の開創になる大本山清水寺におきましては、過ぐる平成十五年に寛永再建三百七十年記念奥之院御本尊の御開帳の勝縁に際し、神仏合同による国家安泰世界平和祈願祭を厳修《ごんしゅう》致しました。これは明治の所謂《いわゆる》神仏分離以来の事であり、我が国古来の宗教的精神に基づくものであります。

改めて今日の世情をみるときに、世界の平和は頓《とみ》に乱され、洪水地震等の災異が頻《しき》りに生じ、人心の安きを得ることは極めて困難であります。

この時にあたり、神仏の御加護をもって、天下泰平、国家鎮護、世界平和の叶えられんことを願い上げ、御宝前に、僧職・神職相並びて、音羽山の御霊水と石清水の御神水を供え、神威仏光を仰ぐ万民の崇仏敬神の祈念をもって献花し奉ります。

神仏がこれをみそなわし甘露水を生きとし生けるものの上に遍《あまね》く垂れ給わんことを請い願い、国家安泰世界平和祈願献花祭を斎行する次第であります。

ここに謹んで大方の御参列を賜りますように御案内申し上げます。

平成十七年四月吉日

音羽山清水寺貫主　森　清範
石清水八幡宮宮司　田中恆清
古都の森観光文化協会理事長　廣川勝美

このような清水寺における「国家安泰世界平和祈願献花祭」は、平成十九年度は、あわせて「神仏霊場会」の設立祈願として厳修された。そして、導師の表白文と斎主の祈願文に、神仏霊場会設立に際しての神仏の加護を願う旨が述べられた。発起人をはじめとする各地の神社や寺院の代表が多数参列し、献花が行われた。

清水寺の「献花祭」は、年を重ねる間に少しずつ儀式の次第が変更された。現代にあって、どのようにすれば神仏和合の精神が人びとに受け入れられるかが課題である。

金閣寺での御矢献納式《おんやけんのうしき》

神仏合同儀式について、もう一つ記しておきたい。一般には「金閣寺」として知られる鹿苑寺での儀式である。

平成十六年五月九日、鹿苑寺において、「開基足利義満公六百年忌予修法要」に際し、「石清水八幡宮御矢献納式」が斎行された。

「鹿苑院殿義満公《ろくおんいんでん》」の御真前に、導師の相国寺《しょうこくじ》派管長有馬頼底鹿苑寺住職、斎主の石清水八幡宮田中恆清宮司が相並んで、石清水八幡大神の霊威籠《こも》れる御矢を献納し、国家安泰、世界平和、諸願成就を祈願した。

仏事と神事の併修が厳かに執り行われたのである。これは石清水八幡宮と室町幕府三代将軍足利義満公の深い縁によるものである。

相国寺の「寺史」の記すところによれば、義満公は、相国寺創立にあたって沿道に悉《ことごと》く白布を敷き詰め、男山石清水八幡宮より神廟《しんびょう》を奉迎した。

また、『石清水八幡宮史』によると、義満公の八幡大菩薩《ぼさつ》への崇敬の志は篤く、しばしば寄進社参が行われている。その折の義満公の願文《がんもん》には天下安泰祈願のことが記されている。

さらに、義満公の元服による社参《しゃさん》始めは、装束は例のごとく浄衣で、新造の車で出立し、東寺より御輿《みこし》に乗った。以下、威儀を正した多数の供奉人《ぐぶにん》が従った。

このような歴代の足利将軍家石清水社参においては神宝が奉納された。源氏長者たる足利将軍家と石清水八幡宮との関係は、極めて密接であったといえる。

さらに、貞観《じょうがん》五年（八六三）に始まったとされる石清水八幡宮の「放生会《ほうじょうえ》」は、朝廷の節会《せちえ》に準じて雅楽寮《うたりょう》、馬寮《めりょう》などが供奉する盛儀で、大臣、参議などが上卿《しょうけい》として儀式を取り仕切っていた。南北朝以降は、明徳《めいとく》四年（一三九三）に義満公が上卿として放生会に参向《さんこう》して以来、将軍参向が恒例化した。

こうした義満公と石清水八幡宮との縁によって、石清水八幡宮の当代宮司である田中恆清宮司が神事を斎行し、八幡大菩薩の神威をもって破邪鎮撫するところの御矢を献納したのである。

改めて述べるまでもなく、義満公の生母は石清水八幡宮の検校《けんぎょう》善法寺通清の女《むすめ》である。善法寺家は武内宿禰命《たけうちのすくねのみこと》の後胤《こういん》、石清水初代神主紀御豊《きのみとよ》に発する祠官《しかん》家である。すなわち、石清水八幡宮第十代検校、第二十五代別当光清の三男勝清が田中家、十二男成清が善法寺家の祖となり、それ以後、この両家とその分流が代々「僧形《そうぎょう》の祠官」として、石清水八幡宮の別当、検校に補された。

明治維新後は、復飾して同宮神官の任に就いた田中家のみが祠官家嫡流としてその血統を伝え今日に至っている。そのような経緯からも、「開基義満公六百年忌予修法要」にあわせて、「石清水八幡宮御矢献納式」が斎行されることになったのである。

また、鹿苑寺では、古記にみえる「大北山鹿苑寺南天神祭」が北野天満宮と鹿苑寺の協同で行われた。これは社司が的を射るときに用いる弓が菅原道真公のものであると記されていることに基づいての儀式である。

鹿苑寺北野天満宮弓祭趣意

北山鹿苑寺は、過ぐる年、開基鹿苑院殿義満公六百年忌予修法要に際し、石清水八幡宮田中恆清宮司を斎主とし、神仏合同のもと八幡大神御矢献納式を厳修申し上げたり。
茲《ここ》に、再び、神仏和合の精神をもち、且つ、古式に倣い鹿苑寺北野天満宮弓祭を斎行し奉る。

北野天満宮は、義満公並びに鹿苑寺歴代住持の信仰篤く、相伝うるに、大北山鹿苑寺に於いて毎年二月初十日に天神弓祭の神事が行われ、社司の用いる弓は菅家の摯《と》るところの物なり。菅公の弓術勝れたるは『北野天神縁起絵巻』などにみゆ。

平成の御代、神威仏光の弥々なる御高揚を仰ぎ、凡そ三百余年の時を経て鹿苑寺北野天満宮弓祭を再興せむとする所以なり。

謹みて義満公宝前に天神の霊威籠れる御矢を導師斎主相並びて奉納し、神仏の御加護をもちて、打ち続く天変地異、戦火災禍を鎮め給い、万民安穏、人類共栄の甘露水を垂れ給わんことを祈願し奉る。

平成十八年二月吉日

鹿苑寺住職　京都仏教会理事長　有馬賴底

京都府神社庁長　田中恆清
古都の森観光文化協会理事長　廣川勝美

このような神仏同座、神仏和合による儀式が京都の古社名刹で行われることによって、神社と寺院の協同が進行、深化することとなった。これらの儀式はそのつど報道されて、神社界や仏教界からの現代社会へのメッセージとなったことは、私にとっても大きな喜びであった。

協同による儀式の一つひとつが、今日の社会状勢に対して神道や仏教が役割を果たそうとすることの表れであり、国家安泰と世界平和、万民豊楽《ばんみんぶらく》は、宗教や宗派の枠を超えた切実な願いである。

明治以来の神社と寺院の関係を修復し、より強固にして、社会の安寧と人心の平安のために神仏の加護を祈願する。そのことを目指して、神仏分離によって行われなくなった儀式を再興することが極めて重要であるとの認識が深まっていった。

八坂神社と延暦寺合同の法要

平成十七年三月二十九日には八坂神社並びに延暦寺合同により、二百年近く途絶えていた「祇園社法華八講」の法要が厳修された。神前における「読経」と「法華八講」である。『源氏物語』などにも描かれている「法華八講」は、「法華十講」に並ぶ天台の最高の法要である。学匠高僧が『法華経』各品の要点を天台の学識によって論議する法要である。もっとも高位の導師は探題の地位にある天台座主である。

その「法華八講」が祇園八坂神社において厳修されたのである。かねてより比叡山延暦寺長臈《ちょうろう》の小林隆彰大僧正よりうかがっていたことが、八坂神社森壽雄宮司の理解と協力によってようやく実現できたのである。

いうまでもなく、「八坂神社」という名称は明治の神仏分離によって制定されたものであり、祭神も「牛頭天王《ごずてんのう》」から「須佐男命《すさのおのみこと》」に改められた。明治までの「祇園感神院」と呼ばれた境内には寺院があり社僧がいた。円山《まるやま》公園のしだれ桜はその名残ということである。

そうした経緯に鑑みてさまざまな意見があり、趣意書の作成は容易ではなかったが、史書にみえる「祇園天神社」という名をもとに、「祇園社」と記すことになった。

天下泰平国家鎮護天地災変攘除
祇園社法華八講斎行趣意

祇園社は草創以来朝野の敬神の念篤く、歴代の勅願奉幣等のことが行われた。朱雀天皇の御代、天慶四年六月二十一日、兵乱平定のため東遊《あずまあそび》走馬十列が奉ぜられ、円融天皇の御代、天延三年六月十五日には、疱瘡御悩に依る御願が有り、その年以降、走馬幷《ならび》勅楽東遊御幣等を奉ぜられることとされた。

後三条天皇の御代、延久二年二月二十日、太政官符が下され、祇園社の四至を、東限白河山、南限五条以北、西限堤、北限三条以南と定められた。延久四年三月二十六日行幸、御諷誦が行われ、宸筆大般若経が供された。これが祇園社行幸の最初である。

斯くて、後三条天皇の御代において、祇園社隆盛の礎が整えられた。円融天皇天禄元年六月十四日に始まった祇園御霊会《ごりょうえ》は、天変地変、疫癘《えきれい》、兵火等の災厄を除き、万民の安寧、豊楽を祇園に坐《いま》す神に祈願する一大神事として天下の崇敬が寄せられ今日に及んでいる。

平成の御代に入って、天の運行不順にして、風水地震疾疫等の災異が頻《しき》りに生じ、人心は頓に乱れつつある。この時にあたり、神仏の御加護をもって、天下泰平、国家鎮護、天地災変攘除の叶えられんことを願い上げ奉らんとする。

天台宗延暦寺の論議法要である法華八講は、「法楽《ほうらく》」として神前にて厳修され、祇園社においても、勅定をもって保元三年二月二十日に始まり、社務、社僧がつとめていたが、徳川の時代に中絶に至っている。

今年、天台宗の御開宗千二百年の勝縁に際し、円融天皇の御代より御縁の深い八坂神社におきまして、天台座主猊下を導師としてお迎えして、祇園社法華八講を斎行致す次第である。何とぞ、神仏の御慈悲と御恵みを生きとし生けるものの上に遍く垂れ給わんことを祈願し奉る。

平成十七年三月吉日

八坂神社宮司　森　壽雄

比叡山延暦寺執行　森定慈芳
古都の森観光文化協会理事長　廣川勝美

神前の法華論議は「法楽」として斎行された。「法華八講」は毎年五月二十六日に比叡山の日吉大社で行われている。
小林隆彰長﨟のお話によると、

日吉の大神の前で比叡山の僧侶が法華経の問答をする。仏弟子が仏法を学ぶのを、日吉の神様が共に聴き、それをご覧になってお喜びになる。これを法楽というわけです。よく勉強しているなと神様に褒めてもらうわけです。伝教《でんぎょう》大師ご自身も宇佐八幡様の前で法華経を読まれ、神様のご託宣で紫衣を授けられた。つまり褒めていただいたわけです。

ということである。「祇園社法華八講」は曼殊院門跡の半田孝淳探題に導師をお務めいただいただいた。現在の天台座主猊下である。

その他、神仏協同の儀式は、平成十八年三月十五日「教王護国寺鎮守《ちんじゅ》八幡大菩薩会《だいぼさつえ》神威《しんい》景仰祭《けいぎょうさい》」が教王護国寺（東寺）と石清水八幡宮の協同で行われた。

念願の石清水八幡宮「放生大会《ほうじょうだいえ》」再興

石清水八幡宮は明治の「神仏分離」によって大きな変革を余儀なくされた。

いわゆる神仏分離のもととなった「神仏判然令」はいくつかの関係法令をまとめていうもので、神道国教化を目指した維新直後の明治政府の一連の宗教政策の一つである。

まず、慶応三年（一八六七）十一月十七日には、神祇官及び太政官の再興が公示される。次いで慶応四年三月十三日に、神社の統括のすべてを寺院から離して神祇官《じんぎかん》に移す法令が発せられる。これが神仏分離の始まりである。それまで、各神社は寺院側の別当の支配のもとにあった。さらに四日後、諸国神社の別当・社僧復飾の令が出された。

本格的な神仏分離の事が太政官より達せられたのは、慶応四年三月二十八日である。

一　中古以来、某《なにがし》権現《ごんげん》或ハ牛頭天王之類、其外仏語《ぶつご》ヲ以神号ニ相称候神社不少候、何レモ其神社之由緒委細ニ書付、早々可申出候事

一　仏像ヲ以神体ト致候神社ハ、以来相改可申候事

要するに、神号に「権現」を用いないこと。「牛頭天王」などの類、仏教用語を神号にしないこと。仏像を神体としないことが命じられたのである。「権現」とは仏が衆生救済のために権《かり》に神として現れたもの。それが神仏分離によって禁ぜられたのである。

さらに、附として、本地仏《ほんじぶつ》として仏像を社前に掛けたり、鰐口《わにぐち》、梵鐘《ぼんしよう》、仏具などの類が置かれているならば、早々に取り除くべきことが命じられた。

慶応四年四月二十四日には、石清水、宇佐、筥崎《はこざき》などの「八幡宮大菩薩」の称号を止めて「八幡大神」とする神号変更の事が発せられた。

神仏分離の政策は、神号の変更、神社名の変更、寺坊などの廃絶、仏像・仏具や経典の廃棄、僧侶の還俗、神社領や社域の召し上げなど徹底していた。

これは石清水八幡宮においても未曾有の出来事であった。石清水八幡宮蔵「石清水神社

神仏分離調査報告」に、

社僧は四十八坊と云はれた。然し、漸く廃絶し、幕府時代の末には二十三坊あつた。山上の豊蔵坊、滝本坊等は頗る壮大なるものであつた。……当時本社の仏教関係の堂舎等は、極めて多かつた

と記されている。境内地も総坪二万二四七二坪に縮小され、山上社頭と参道の一部が残るのみで後は上知された。

石清水八幡宮の祭祀も大きく変更された。

石清水八幡宮の「放生会」は、後三条天皇の勅旨によって、延久二年（一〇七〇）に整えられた式次第によれば、神式の祭祀と仏式の法会が併修された。それ以降、「石清水放生会《いわしみずほうじょうえ》」は神仏両式の儀礼であった。時代を経て、徳川幕府によって、霊元天皇の延宝七年（一六七九）に再興された「放生会神幸」は、石清水八幡宮所蔵の「絵巻」や「男山放生会細見図」などによれば、勅使を迎えて神職と僧侶の奉仕する盛儀であった。

そのような「石清水放生会」は、明治元年（一八六八）の大変革により、祭祀における仏事を省き純然たる神道祭祀へと改変させられ、名称も「中秋祭」「男山祭」となり、明治五年からは神幸の儀も廃された。明治十六年、明治天皇の勅定により、旧儀が復興された。それ以来、今日に至るまで神社祭式による「放生会」が斎行されている。

このような事情のもとで、石清水八幡宮の「放生大会」が再興されたのである。石清水八幡宮の「放生会」を神仏合同において執り行うことは、私の当初からの念願であった。幸いにも田中恆清石清水八幡宮宮司の決断と延暦寺の理解によって準備に入ることができた。これは、明治の神仏分離のなかで失われた祭祀のなかでも、もっとも重要なものである。

ここで、改めて、神仏分離以前の石清水八幡宮について、『都名所図会』によってみておきたい。それによると、

石清水正八幡宮は王城の南にして、行程四里、綴喜郡《つづきのこおり》男山鳩嶺《おとこやまはとのみね》に御鎮座あり。本社は三座を祭る。誉田《こんだ》天皇（『日本紀』に足仲彦《あしなかひこ》天皇、また応神《おうじん》天皇とも、これ仲《ちゅう》

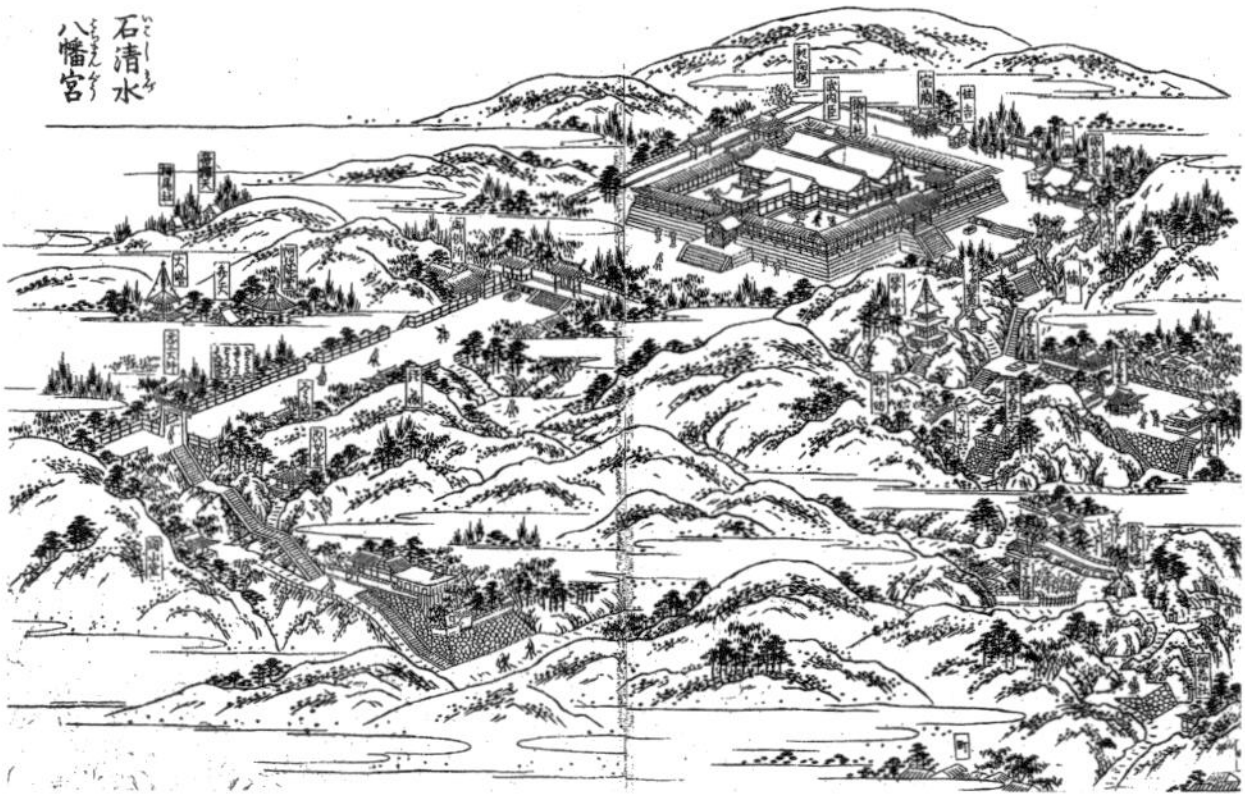

『都名所図会』より石清水八幡宮

哀《あい》天皇第四の太子にして、御母は神功《じんぐう》皇后なり)・玉依姫《たまよりひめ》・神功皇后

と記されている。そして、社殿として、一鳥居・二鳥居・三鳥居・若宮・上の高良《こうら》・下の高良・石清水・安宗《あんず》別当社・栂尾《とがのお》社・大塔・琴塔・太子堂・薬師堂・阿弥陀堂・元三《がんさん》大師堂・愛染堂・疫神堂・本地堂・宮本坊・滝本坊・開山堂・稲荷社・大乗院・足立寺・三善法寺・若宮八幡・常盤地蔵などをあげる。さらに、

放生会は例歳八月十五日なり。人皇四十四代元正《げんしょう》天皇御宇養老四年〔七二〇〕九月に征夷のことありて大隅・日向の両国おほ

いに逆乱す。ゆゑに内裏より筑紫宇佐八幡宮に御祈誓ありて、その宮の禰宜辛嶋勝波《からしまかつは》豆米《つめ》は神軍を引率してかの国を征し、ことゆゑなく敵を亡ぼしけり。その後、八幡の御託宣に、この度の合戦に多くの殺生をなす間、放生会をなすべきよし神勅ましましければ、諸国に至るまでもこのときより始まるなり。

と記している。さらに、石清水八幡宮の放生会は、

後三条院延久二年〔一〇七〇〕八月十五日より、上卿六府の馬寮をもつて、行幸に准じて神輿に扈従《こしよう》したまふこと、これを初めとす。

と記している。

このような石清水八幡宮の「放生会」は、各時代において行われてきたが、明治の神仏分離によって停止された。その後、岩倉具視《ともみ》卿《きよう》の建議により、神式による祭祀の復興がなされたのが、現在の「石清水祭」である。

これらの経緯をもとにして、千年を超える神仏協同の「放生会」の再興が執り行われることになったのである。その趣意を掲げておく。

石清水八幡宮放生大会再興趣意

石清水八幡宮放生会は、八幡大菩薩が大安寺の行教律師に託宣を垂れ給い男山に移坐された数年後の貞観五（八六三）年に始まったとされる。宇佐八幡宮に端を発する放生会は、石清水八幡宮において、興福寺・園城寺・延暦寺等より導師を仰ぎ、宮中の節会に准ずる格別の儀式として行われ、雅楽寮の音楽官人が楽人舞人を率いて唐《とう》楽《がく》・高麗楽《こまがく》を奏し、左右の近衛府が十列の御馬を並べて供奉した。また、摂関、大臣、参議などが勅使として参向し行事を主宰した。現存する絵巻などによると鳳輦《ほうれん》に供奉する僧俗神人ら千数百人にわたる行列が整えられた山上山下の盛儀であった。

八月十五日の石清水八幡宮放生会は形を変えながらも後世へ引き継がれ、応仁の乱等による中絶を経て徳川幕府によって再興された。しかしながら、明治初年における

「神仏分離」を始めとする一大変革により諸儀廃絶のやむなきに至ったことは周知の通りである。漸く、明治十六年九月、賀茂・男山両祭の旧儀を再興し、宮内省に令して諸事を取り扱わしめられることとなった。これ即ち、現在の「勅祭」石清水祭である。

平成の御代において、改めて神仏協同の八幡宮放生会の現代的な意義を見直す時期に至ったといえよう。とりわけ、御一新によって一変した男山八幡宮の威容を取り戻すのは難しいとしても、京の北の祭りと呼ばれる賀茂社の葵祭と並び南の祭りと称された、格式高い石清水八幡宮放生会の再興を計ることは、国家安泰・天下泰平・世界平和を求めて止まない人心にとっても極めて重要であろう。

このような趣意のもと、慶応三年以来百三十余年の時を経て、平安時代以来の古式に倣い、天台宗延暦寺と石清水八幡宮が協同し、神仏の御加護と衆人の御助勢により石清水八幡宮放生大会の再興を計る所存である。このことが更に旧儀の有する文化伝統継承に寄与するものとなれば幸甚である。ここに大方の御理解と御高配を衷心より御願い申し上げる次第である。

平成十六年九月一日

石清水八幡宮宮司　田中恆清
比叡山延暦寺執行　森定慈芳
古都の森観光文化協会理事長　廣川勝美

日時及び場所　平成十六年十月三日（日曜）
午前　十時　　神幸祭
十時三十分　法　要
十一時　　奉納狂言
十一時四十五分　放生の儀

この石清水八幡宮の「放生会」は、神仏同座、神仏和合にとっての一大儀式である。来る平成二十一年の石清水八幡宮創祀一千百五十年記念大祭において盛大に斎行される予定である。

石清水八幡宮の山下の頓宮《とんぐう》の位置する放生川の水が清らかになり、自然のもとに生きるすべての命への神仏の加護を願うばかりである。

新しい「こころの道」、「神仏霊場　巡拝の道」の誕生

ここまで紹介してきたように、神仏協同の儀式や行事がより多く行われるようになることを期待する声が、次第に広がっていった。

同時に、それが広く開かれたものとなり、一般の参加が可能になれば、精神文化の発展にも大いに寄与するのではないかという考えも進展、深化した。

そうしたなかで、ほぼ十年という時間をかけて、西国の伝統ある神社と寺院が協力して、神仏の威徳を高め、神仏和合の精神をもって互いに巡拝することも図られてきた。

京都の妙法院において発起人会が開催され、その後、近畿六府県の神社庁と仏教各宗派の関係者が集まり準備会がつくられた。比叡山延暦寺に「神仏霊場会準備室」を置き、延暦寺長臈小林隆彰大僧正を代表責任者準備委員長として設立についての業務を進めてきた。

そこに私も参加し、聖地霊場の調査、趣意書、会則などの起草を行った。

準備会は、「神仏霊場会趣意並びに会則（案）」を作成し、神社と寺院の検討、組織運営、神道と仏教の教学、双方の巡拝方法などの諸課題について協議を繰り返した。

巡拝する神社と寺院については、明治以前、特に江戸時代に盛んであった伊勢参宮の記録などを基本的な資料として選定した。それに「平成の神仏霊場」ということを勘案して、百数十の神社と寺院を候補とした。

伊勢の神宮の特別参拝を第一とし、紀伊《きい》、大和《やまと》、摂津《せっつ》、播磨《はりま》、山城《やましろ》、近江《おうみ》など各地を巡拝する経路をもって整え、神仏霊場の原案としたのである。

こうした準備を終えた後、各神社と寺院に案内状を送付した結果、百五十の神仏霊場が成立することとなった。

本書の冒頭に述べたように、これらの経緯に基づいて、平成二十年三月二日、比叡山延暦寺において、多数の神社と寺院の宮司、管長、住職などの参加のもと「神仏霊場会」の発起人会並びに設立総会が開催されたのである。

そこで「神仏霊場会趣意並びに会則」が承認され、それに基づいて役員などが選出された。趣意は次の通りである。

神仏霊場会趣意

わが国には神や仏の聖地が数多くある。山川林野に神は鎮まり仏は宿る。聖地は神と仏との邂逅の場である。人々は神や仏を求め、山岳や辺地に修行し、神社や寺院に参詣してきた。

そのような聖地が、特に、紀伊、大和、摂津、播磨、山城、近江など諸国に集中する。今日いうところの西国である。

この地にはわが国の宗廟《そうびょう》たる伊勢の神宮をはじめ、二十二社などの神社や南都各宗、天台、真言、修験などの寺院が建立され、その後、浄土門各宗派、禅門各宗派、日蓮など鎌倉諸宗派が栄えるに至った。

そして伊勢参宮、熊野参詣、高野参詣、比叡参詣、西国三十三観音霊場巡礼、各宗派の宗祖聖蹟巡拝などが時代を越えて行われている。西国は神と仏の一大聖域である。

ここには悠久の山河と信仰の歴史の刻まれた祈りの道がある。

これら神社や寺院への参詣、巡拝、巡礼は、多くの史書、参詣記、巡礼記、道中記の類に録されている。さらに各国の名所図会や案内記にも詳細に記されている。それらによると伊勢参宮、あるいは熊野参詣や高野参詣などにおいて、道中に鎮座する神社や寺院に併せて参拝し奉幣や納札などが行われている。

斯かる由緒深い神仏の同座し和合する古社や名刹を中心とする聖地に神仏霊場を整えようとするものである。

時あたかも伊勢の神宮におかれては平成二十五年に第六十二回式年遷宮《しきねんせんぐう》を迎えられる。また、歴史を重ねた名社や古刹においても御鎮座や開宗あるいは御遠忌などの慶讃の行事が続けられている。平成の御世はわが国の伝統的な神道や仏教は勿論《もちろん》のこと宗教界にとって極めて意義深い時代である。

翻って、世相をみるときに、地震洪水、戦禍災害、天変地異が頻繁に生じ、人心は乱れ、安きを得ぬこと甚だしいといえる。

願わくは、神と仏が相和し、格別の御神慮と御慈悲を以て、天下泰平、国家鎮護、万民豊楽と、世界平和、人類の共栄、生きとし生けるものの共存の甘露水を遍く垂れたまわんことを。
ここに謹んで神仏の御加護のもと、古都の森観光文化協会山折哲雄会長の呼びかけにより、西国の神社と寺院が協力して、相互巡拝を推進し、神威仏光の高揚を図るとともに、広く、宗教や思想信条を超えて、人心の平安と社会の安寧に資することを目的として、「神仏霊場会」の設立を致したく諸賢大徳の御賛同を御願い申し上げる次第である。

平成十九年四月吉日

神仏霊場会発起人

石清水八幡宮宮司　田中　恆清
賀茂御祖神社宮司　新木　直人
賀茂別雷神社宮司　田中安比呂

住吉大社宮司　真弓　常忠
大阪天満宮宮司　寺井　種伯
生田神社宮司　加藤　隆久
大神神社宮司　鈴木　寛治
多賀大社宮司　中野　幸彦
熊野那智大社宮司　朝日　芳英
天台座主　半田　孝淳
法隆寺管長　大野　玄妙
東大寺長老　森本　公誠
金剛峯寺座主　松長　有慶
相国寺派管長　有馬　頼底
清水寺貫主　森　清範
聖護院門跡門主　宮城　泰年
妙法院門跡門主　菅原　信海

国際日本文化研究センター前所長　山折　哲雄

（順不同）

比叡山延暦寺内　神仏霊場会設立準備室

準備委員長　延暦寺長臈　小林　隆彰

同志社大学名誉教授　廣川　勝美

事務局長　延暦寺副執行教化部長　山本　光賢

神仏霊場会の役員は、発足にあたり、発起人などがその任にあたることになった。

名誉会長　天台座主　半田　孝淳

会　長　東大寺長老　森本　公誠

副会長　金剛峯寺座主　松長　有慶

常任幹事　賀茂御祖神社宮司　新木　直人

儀式委員長　生田神社宮司　加藤　隆久
教学委員長　妙法院門跡門主　菅原　信海
組織委員長　同志社大学名誉教授　廣川　勝美
事務局長　延暦寺副執行教化部長　横山　照泰

ここに「神仏霊場会」が発足し、歴史と自然に培われた神社と寺院を結ぶ「神仏霊場巡拝の道」の第一歩が始まることとなった。

私たちは、わが国の伝統的な神社と寺院が、神仏分離以来おおよそ百四十年の歴史を越えて、相互の理解を深め、この国の精神文化、とりわけ、宗教的価値観をよみがえらせ再確立することを願ってきた。そして、いま、「神仏霊場会」の設立をみたのである。この会の目的は、会則にあるように、次のごとくである。

神仏霊場会の神社と寺院が、それぞれの由緒と歴史を重んじつつ、「神仏霊場 巡拝の道」を整え、相協力して神威仏光の高揚をはかるとともに、人心の平安と社会の安寧に資することを以て目的とする。

そのために、神仏の同座し和合する由緒深い古社や名刹を中心として、次の神社と寺院が参加することになった。

神仏霊場　巡拝の道　神社寺院

［特別参拝］皇大神宮・豊受大神宮

［和歌山］（熊野・那智・紀伊・高野）

熊野本宮大社・熊野那智大社・熊野速玉大社・藤白神社・丹生都比売神社・丹生官省符神社・竈山神社・闘雞神社・青岸渡寺・金剛峯寺・慈尊院・道成寺・根来寺

［奈　良］（大和・葛城・吉野）

大神神社・春日大社・大和神社・石上神宮・広瀬大社・橿原神宮・談山神社・

丹生川上神社上社・丹生川上神社・金峯山寺・法隆寺・東大寺・唐招提寺・薬師寺・興福寺・西大寺・大安寺・中宮寺・南法華寺・長谷寺・室生寺・当麻寺・帯解寺・安倍文殊院・法華寺・霊山寺・宝山寺・朝護孫子寺

［大　阪］（摂津・和泉・河内）

住吉大社・大阪天満宮・枚岡神社・生国魂神社・坐摩神社・阿部野神社・四条畷神社・今宮戎神社・水無瀬神宮・道明寺天満宮・四天王寺・太融寺・法楽寺・観心寺・神峯山寺・七宝滝寺・葛井寺・勝尾寺・水間寺・施福寺・総持寺・大念仏寺・金剛寺・叡福寺

［兵　庫］（神戸・播磨・明石）

生田神社・広田神社・西宮神社・湊川神社・長田神社・広峯神社・海神社・赤穂大石神社・須磨寺・一乗寺・中山寺・清荒神清澄寺・忉利天上寺・円教寺・清水寺

［京　都］（山城・丹後・丹波）

石清水八幡宮・賀茂御祖神社・賀茂別雷神社・北野天満宮・八坂神社・平安神

宮・吉田神社・松尾大社・貴船神社・平野神社・城南宮・御香宮神社・大原野神社・伏見稲荷大社・車折神社・今宮神社・御霊神社・籠神社・清水寺・曼殊院・青蓮院・妙法院・智積院・教王護国寺・三千院・仁和寺・大覚寺・神護寺・聖護院・醍醐寺・相国寺・鹿苑寺・慈照寺・泉涌寺・観音寺・鞍馬寺・天龍寺・行願寺・大聖寺・宝鏡寺・六波羅蜜寺・毘沙門堂・平等院・真正極楽寺・三室戸寺・善峯寺・松尾寺・穴太寺・寂光院・赤山禅院・浄瑠璃寺・岩船寺

【滋　賀】（近江・多賀・甲賀）

日吉大社・多賀大社・建部大社・長浜八幡宮・御上神社・日牟礼八幡宮・田村神社・延暦寺・園城寺・西教寺・石山寺・長命寺・観音正寺・永源寺・百済寺・金剛輪寺・西明寺・宝厳寺

神仏に出会い、自らの「こころ」をみつめる道へ

ここに至るまでにいくつか協議すべき事項があった。

私が最初に合意を得たかったのは「霊場」という表現である。同種の言葉に「聖地」がある。もしくは「聖蹟」などがある。ただそれは、いずれも卓絶した偉大なる開祖の事蹟にも用いられる表現である。そうしたさまざまな角度からの検討協議を経て、神や仏、見えざるものの存在する地という意味において「霊場」の言葉をもって神仏同座、神仏和合の精神を表すことにした。

「神仏霊場」は、より限定的にいえば「祈りの道」である。人が、神や仏、自らを超えた聖なるものに向かって願い祈る。現代の社会が見直さなければならないことの根本はここにあると私は考えている。そのような思いをこめて「神仏霊場」が整えられることになったのである。

仏教には、西国に「三十三ヶ所観音霊場」という明確な巡礼がすでにある。仏教各宗派の宗祖聖蹟についても巡拝が行われている。それに対して、神道には、各国の一宮《いちのみや》巡拝などはあるが、仏教のような巡礼という考え方はもたない。また、西国霊場の朱印は、それ自体に宝印という由緒が明らかではあるが、神道における朱印の多くは参拝の印という意味である。そのような違いは、それぞれの宗教のあり方の本質的な問題にかかわることである。

しかし、神仏同座、神仏和合の精神に鑑み、宗教的心情においてそのような違いを乗り越えることこそが積極的な意義をもつ、という結論に「神仏霊場会」は達した。

現在の世の中にあって、私たちが見失ったもののなかに「こころ」がある。「こころ」の崩壊がいわれ、その回復が求められている。

わが国の悠久の自然にあって歴史的につくり上げられた伝統的な神社と寺院、それらに鎮座する神と仏に出会い、自らの「こころ」をみつめる旅の道を整える。それが「神仏霊場 巡拝の道」である。そして、それを真の道とするのはそれを行く人である。

「神仏霊場 巡拝の道」が、宗教や思想信条の違いを超えて、広く、「こころの道」として人びとの期待に応えうるならば幸いである。

この巡拝の道を共に歩む人びとの願いや思いを重ねあわせながら、「神仏霊場」が歴史に残るものとなることを念願している。

すべての人びとに開かれた巡拝の道として

「神仏霊場会」は、西国に立地する神社と寺院の相互協力によって、ようやく設立された。

その数は百五十に及ぶ。その大半は、西国三十三ヶ所観音霊場巡礼、あるいは、伊勢参宮、熊野参詣、高野参詣などに関する道中記や参詣記その他の記録史書の類に見いだされる。

神仏霊場の神社と寺院は、必ずしも現行の西国巡礼や四国遍路のように発願から結願《けちがん》に至る定められた順路に従って参拝するものではない。

数え切れないほど多くの先人が経験した伊勢参宮は、道中にある神社と寺院を隔てなく巡拝している。それにならってこのたびの「神仏霊場」は、伊勢の両神宮の特別参拝を始まりとし、各地の神社と寺院を巡拝する。

各地域ごとに、地形や交通路に従って巡拝経路を設定し、神社と寺院に順番を付す。いずれの地域からも巡拝に出発することができる。そして、六地域のすべての神社と寺院を巡拝し終えたときに終了とする。

「神仏霊場会」の神社と寺院を参拝した証《あかし》として、朱印帳を作成し頒布する。朱印帳には、巻頭に、伊勢の皇大神宮と豊受大神宮を特別参拝として掲げ、それに次いで、参拝する神社と寺院を、和歌山・奈良・大阪・兵庫・京都・滋賀の順に掲載する。その全体は「神仏霊場 巡拝の道」を一巡するものとなる。

設立に際して、平成二十年九月八日、伊勢の神宮において、最初の神仏合同の儀式、発足奉告式典を斎行する。神社界の代表だけではなく、仏教界各宗の管長座主など代表者が一堂に会して伊勢の神宮を公式に参拝することは、わが国の歴史からみても画期的である。「神仏霊場会」は出発したばかりである。神社界と寺院界の理解を得て、事を提案し準備してきた私としては、この国の神と仏の加護を祈るばかりである。

平成の神仏霊場は、かつてのお伊勢参りが盛んであったように、全国各地から多数の人びとが巡拝する道となるにちがいないと私は思う。そしてまたそれは、広く世界各国からの人びとが歩く、二十一世紀の巡拝の道となるだろう。世界文化遺産が「人類共通の財産」を意義とするように、この道も人類すべてに開かれた巡拝の道となっていくだろう。

宗派や宗教の違いを超えて、西国の自然と歴史の育んできた聖地霊場を巡拝して、神仏和合の宗教的心情を体感し、精神文化の精髄にふれる旅に出ることをおすすめする。

第二章　江戸時代の「お伊勢参り」が聖地巡礼のモデル

伊勢参宮の旅は、数百万人の大移動だった

日本の歴史と文化の原点である大和《やまと》や山城《やましろ》と、その周囲に広がる、紀伊《きい》、熊野《くまの》、高野《こうや》、吉野《よしの》、比叡《ひえい》などの各地は、その山地海辺の有する宗教性を基本として、「聖地」「霊場」とその「参詣道」を形成してきた。

なかでも、江戸時代、伊勢参宮が一般に開放されて以降、ことに中期の享保《きょうほう》（一七一六〜一七三六）ごろから末期の文化・文政期（一八〇四〜一八三〇）にかけて空前の伊勢参宮の旅、「お伊勢参り」が広まった。その数は、多い年には二〇〇万から五〇〇万人と推定されている。当時の日本の人口からみると国家的な大移動である。

この時代、全国に広がった伊勢信仰は、全国各地からの参宮者を集めた大規模な集団参宮であった。それにともなって、西国巡礼や四国遍路なども盛んになった。

伊勢参宮にあわせて、西国三十三ヶ所観音霊場巡礼や四国八十八ヶ所霊場遍路、金比羅《こんぴら》参りなど、各地の神社や寺院への巡拝や巡礼が行われたのである。

それはこれまでの聖や僧侶などの専門的な修行としての巡礼ではない。このような一般

的な聖地霊場の巡拝や巡礼が可能になったのは、旅に出ることが比較的自由にできるようになったからである。

幕府による江戸からの五街道と宿駅の設置、金銀貨幣の流通など旅の環境の整備が行われたことも、諸国各地からの社寺参詣を可能にした。

さらに、伊勢信仰を各地に広めた「御師《おんし》」の存在がある。「御師」は、布教活動をするとともに、今日風にいえば「お伊勢参り」の旅行コーディネーターを業としていた。

この「御師」をはじめとして、神社、寺院と参詣者を結ぶ諸国遍歴の「先達《せんだつ》」「勧進《かんじん》聖《ひじり》」「念仏聖《ねんぶつひじり》」「比丘尼《びくに》」「六十六部《ろくじゅうろくぶ》」などの布教活動があった。

江戸時代に「お伊勢参り」を全国に広めたのは御師である。御師は、神宮の下級神官に始まり、参宮者を顧客として送迎し、宿の提供、案内や祈禱《きとう》などを行った。また、毎年、各地の檀那を歴訪して御祓大麻《おはらいおおぬさ》や伊勢暦を配り歩いたが、明治四年（一八七一）に廃止になった。

このような御師のもとで組織されたのが「伊勢講《いせこう》」と呼ばれる同信集団である。村や町、同業者全体のそれぞれの代表者が祈願を行う。「代参」である。その諸費用を積み立てる仕組みが「講」である。

現在も、各地の神社や寺院に江戸時代の各種の「講」が奉納した石灯籠《いしどうろう》や石鳥居、瑞垣《みずがき》、参道の石柱、各種の神具、仏具などが多数残されている。

それらの講は全国各地に広がっていた。それぞれの講は目的とする神社や寺院の参詣をすませた後に、西国や四国などの神社や寺院も巡拝した。

伊勢の神宮の最大の神事は二十年ごとに行われる遷宮、いわゆる「式年遷宮《しきねんせんぐう》」である。二十年ごとに新しく宮殿を造り替えて大神の宮遷りを願う祭りである。古儀に従い十数年をかけて正殿、宝殿、外幣殿《げへいでん》をはじめ殿内に奉納する神宝、装束、調度品のすべてが新造される。そのように伝えられて千三百年、来る平成二十五年に第六十二回の遷宮が斎行されるのである。

このような時機に、「神仏霊場会」は発足した。そして、その「巡拝の道」は、第一歩を伊勢の神宮から始めるとしていることからもわかるように、江戸期の伊勢参宮における道中の巡り方を参考にしている。

この二十一世紀の新しい「巡拝の道」も、江戸期と同じく多くの参詣者が行き交うだろうことを思うとともに、世界に広く開かれた、世界の人びとにも敬愛される「巡拝の道」となることを、私は願ってやまない。

伊勢参宮の旅に四国遍路まで組みこむ

江戸時代の人びとは、さまざまな神や仏とふれあう機会をもっていた。では、具体的に当時の人びとは、どういった経路、道順で西国の神社、寺院を巡っていたのだろうか。

江戸時代の初めごろから数十年の間、特に、三代将軍徳川家光の時代に大規模な堂舎、社殿の復興修築が行われた。その結果、神社や寺院は、その時代、一番整備された偉容を誇ることになった。それは各種の「名所図会」に詳細に描かれている。

伊勢参宮が一般に開放されて以降、江戸時代に盛んとなる「お伊勢参り」は全国各地からの参詣者を集めた。もちろん伊勢参宮は、外宮《げくう》の「豊受大神宮《とようけだいじんぐう》」と内宮《ないくう》の「皇大神宮《こうたいじんぐう》」参拝を第一の目的としているが、その旅の途中、道筋にある神社だけでなく寺院にも隔てなく参詣していることが記録されている。

東国からの伊勢参宮者は、その他に高野山参詣をしたり、奈良の神社寺院、大坂・京の神社寺院の巡拝を行い、道中の名所旧蹟を訪ねている。

西国からの伊勢参宮者は、出発地に近い兵庫の海岸沿いの神社や寺院に参詣している。

いずれの方面からの参宮者も、西国三十三ヶ所観音霊場に参詣することを旅の目的の一つとしている。このように、伊勢参宮の旅とは、実は諸国各地から出発して帰着するまでの「旅総体」のことである。

参考までに道中記などにみえるおもな神社と寺院などを抜き出してみよう。社寺名は現在と異なるものもあるが、おおよその旅程がわかる。そのなかに、西国観音霊場や四国遍路、金比羅参詣、信濃の善光寺参詣などが組みこまれていることが見て取れる。

貴重な資料なので、ぜひ一覧していただきたい。

「道中泊休覚之帳」［文政甲申七歳（一八二四）極月十日出立］

（野田宿より白子観世音まで略）両大神宮→滝ノ原大神宮→弘法大師岩屋観音→新宮熊野山→一番那智山→本宮→湯峰東光寺薬師如来→道成寺→二番紀三井寺→三番粉河寺→高野山奥院→慈尊院→四番槇尾寺観音→五番藤井寺観音→六番南法華寺→蔵王権現→

多武峰→七番岡寺→八番長谷寺→三輪明神→龍田大明神→法隆寺→東大寺大仏→九番興福寺南円堂→宇治平等院→十番三室戸寺→万福寺→十一番上醍醐寺→十二番岩間寺→十三番石山寺→三十一番長命寺→三十二番神崎観音寺→十四番三井寺→唐崎壱ツ松大明神→山王大権現→比叡山→御本堂→中堂→宗林堂→鞍馬寺→貴船大明神→上賀茂神社→下賀茂大明神→京革堂→京都六角堂→西国札所四ヶ所→白川御殿→吉田八百万神→真如堂→北野天神→御室御所→愛宕山→二十一番穴太寺→二十番善峯寺→石清水八幡宮→二十二番総持寺→二十三番勝尾寺→二十四番中山寺→住吉神社→柿本人丸大明神→曾根大神→金比羅大権現→善通寺→華岳寺→二十七番円教寺→二十五番清水寺→元伊勢外宮→二十八番成相寺→文殊菩薩（以下略）

「伊勢参宮道中記」［嘉永三年（一八五〇）］

（東照大権現より御神地まで略）伊勢両宮→虚空蔵→熊野大権現→西国一番観世音→熊野大神宮→遍照光院→蔵王権現→神変大菩薩→鎌足大明神→天満宮→八番長谷寺→若宮八幡宮→春日大明神→三月堂→二月堂→四月堂→東大寺大仏→九番興福寺南円堂→生

玉大明神→北向八幡宮→善光寺→天王寺→東本願寺→西本願寺→男山八幡宮→日本一稲荷司→六角堂観音→白河院→吉田殿→新黒谷→祇園社→知恩院→清水観音→方広寺→三十三間堂→東本願寺→二条御城→北野天満宮→三井寺観音→石山寺→正八幡宮→太皇大明神→金龍寺→多賀大明神→鵜沼岩屋観音→善光寺→妙義山（以下略）

「参宮巡礼帳」［文久二年壬戌（一八六二）六月吉祥日］

（鹿島大神宮より津嶋天王神社まで略）天照皇大神宮両社→加茂大明神→春日大明神→法華寺→西大寺→菅原天神→法隆寺→龍田大明神→染井寺→三輪大明神→長谷寺→多武峯→大峯山→吉野金峯山→子守大明神→金精大明神→高野山本王院→玉津嶋大明神→東照大権現→四国遍路第一番より第十番まで札所→金比羅大権現→天満宮御本社→住吉大明神→人丸大明神→須磨寺→清水寺→一心寺→天王寺→伏見稲荷大明神→三十三間堂→方広寺→御内裏御社→知恩院→清水寺→善光寺→日光東照宮→別雷皇宮→鹿島大神宮

聖地・霊場と名所・旧蹟を結ぶ伊勢参宮の道中

伊勢参宮者は、その機会に各地の神社や寺院を巡拝して、できるだけ多くの名所や旧蹟を遊覧しようとする。そのための「案内書」や「図会」「地図」などの出版物もつくられていた。特に『伊勢参宮名所図会』は絵図が多くて便利なものであった。

参宮をすませた後は、それぞれの講によって行き先は異なる。参宮後直ちに帰る講中もあるが、大多数の講中は、大和から大坂や京、近江などを見学する。道中にある西国三十三ヶ所観音霊場の札所を巡るのが通常である。

さらに足をのばして、四国八十八ヶ所や金比羅を参詣する場合もある。その帰路は東海道ではなく、中山道を通り、善光寺に参るのが一般的である。

たとえば、私のみた道中記の類では、

- 伊勢↓熊野・那智↓紀伊↓高野↓大和↓京↓近江↓京↓摂津・大坂↓兵庫↓播磨・姫路↓丹後
- 伊勢↓熊野・那智↓吉野↓大和↓京↓近江

●伊勢→大和→吉野→高野→大坂→兵庫→京→近江

といった経路がある。

これらは、東の伊勢、南の紀伊、西の摂津・播磨、北の丹後・丹波を外周として、大和・山城を中央に置く各地を結ぶ経路である。ここには、

伊勢→熊野・那智→紀伊→吉野→高野

という「聖地霊場」を貫く「参詣道」が通っている。千年を超える長い年月をかけて切り開かれた道である。すなわち、神と仏、そして人を結ぶ聖なる道である。

その経路は、伊勢から熊野・那智を経て、吉野・高野に至る道を基本としている。つまり、伊勢の神宮と紀伊山地の霊場を結ぶ道である。

紀伊山地の霊場の中心をなすのは、熊野三山（本宮《ほんぐう》・速玉《はやたま》・那智《なち》）、吉野（金峯山《きんぷせん》）、高野山である。そして、そこへ通じる道が「熊野古道」と呼ばれる熊野三山への参詣道の大辺《おおへ》

路《ち》、中辺路《なかへち》、小辺路《こへち》であり、大峯路《おおみねじ》である。

この紀伊山地を通る道の他に、紀伊半島の東海岸線を通る道がある。伊勢路である。伊勢参宮の旅人は、伊勢路を通って神宮から熊野三山に参詣した。速玉、那智、本宮と巡拝し、本宮から大峯・吉野への道と高野への道に分かれた。

紀伊山地の道の骨格をなすのは、吉野・大峯と那智を結ぶ修験《しゅげん》の山林抖擻《とそう》の大峯奥駈《おおみねおくがけ》の道である。これは、厳密にいうと参詣道ではなく修行の山岳ルートである。神道と仏教の両面を有する修験の道は、神と仏の聖地霊場を結ぶ道でもあった。

また、伊勢・紀伊と吉野・高野を結ぶ道には、大和や山城と結ぶ道、さらに、摂津から播磨に至る道が続いていく。

このようなかつての伊勢参宮における社寺巡拝を基本として、「神仏霊場巡拝の道」が成り立っている。紀伊、大和、摂津、播磨、山城、近江など各地の神社と寺院を巡拝する道である。それぞれの道について命名すれば次のようになるだろうか。

［特別参拝］皇大神宮・豊受大神宮

［和歌山］（熊野・那智・紀伊・高野）　清浄《しょうじょう》の道
［奈　良］（大和・葛城・吉野）　鎮護《ちんご》の道
［大　阪］（摂津・和泉・河内）　豊楽《ぶらく》の道
［兵　庫］（神戸・播磨・明石）　豊饒《ほうじょう》の道
［京　都］（山城・丹後・丹波）　楽土《らくど》の道
［滋　賀］（近江・多賀・甲賀）　欣求《ごんぐ》の道

これらは、山々と谷々の間を縫って神と仏の聖地へとつづく道である。あるいは、四周を山々に囲まれた古き都の神と仏に出会う道である。山と海の間、風光の地に鎮まる神と仏を訪ねる道である。

現在、日本各地で都市化現象が著しい。そうしたなかで、これらの参詣道は分断されたり消滅したりして、旧来の道の風景が見失われようとしている。さらに、街道の松並木は枯れ山中の森林も荒れようとしている。そのような状況のもとで、森や山を通る神社と寺院を巡拝する道を歩くことの意義は大きい。

自然環境としての価値と、文化的な価値の両面を生かし、そこに神と仏に出会うこころの道が認められるとすれば、その道は、私たちをこころの故郷に連れ戻してくれるはずである。

自然はすべての生命の根源である。清浄なる自然は、天地四方を統《す》べる神々の鎮まる聖地である。そこにわが国古来の神道が見いだされる。

伊勢の森に鎮まる神は

古代からの息吹をそのまま伝えるかのように、深々と茂る神路山《かみじやま》と島路山《しまじやま》。その神路山の西に接する前山が伊勢の神々の鎮座する地の森林である。そのうち内宮の御敷地を中心として神域がある。そのなかの樹木は枝一つ払うのもはばかる禁伐林である。

島路川が正宮の正面の樹間を流れて五十鈴川《いすずがわ》となり、神路山の谷々から来る川と合流して御手洗場《みたらしば》にそそぐ。

伊勢の神宮は、内宮までの参道が長い。宇治橋を渡って千古の杉木立の道を参進する。森厳な神域である。ここはこの国の魂の原点である。

伊勢の神宮は、天照大神《あまてらすおおみかみ》を主祭神とする皇大神宮（内宮）と、豊受大御神《とようけおおみかみ》を主祭神とする豊受大神宮（外宮）のほかに十四の別宮、百九の摂社などから成り立っている。奉斎される社殿は百二十五社であり、御同座として祀られる神々は百四十一座とのことである。伊勢の神宮に奉祭された天照大神は、天降り、各地を巡幸してこの地に鎮まった。

神の巡幸とは、降臨した神がその鎮まる祭祀地を探し求めて移動すること。神の降臨についての信仰と巡行地についての信仰は、これを裏付ける神の依代《よりしろ》となり神威を宣布するミコトモチの神人《じにん》によって成り立つ。

「巡幸する神」の第一は神宮の祭神天照大神である。『日本書紀』によると、天照大神は、当初、崇神《すじん》天皇によって、「倭大国魂神《やまとおおくにのたまのかみ》」と同じように瑞籬宮《みずがきのみや》の大殿に祀られていた。

ところが、天皇は、この二柱の神の威力を畏れ、宮殿に共に住むことに不安を覚えて、天照大神を「豊鍬入姫命《とよすきいりひめのみこと》」に託して倭《やまと》の「笠縫邑《かさぬいむら》」に祀り、「磯堅城《しかたき》」の神籬《ひもろぎ》を立てた。

次いで、垂仁《すいにん》天皇は、天照大神を豊鍬入姫命より離して、「倭姫命《やまとひめのみこと》」に託した。倭姫命は、大神を鎮座申し上げる所を求めて、菟田《うだ》（宇陀《うだ》）の「筱幡《ささはた》」に行った。

さらに還って、近江国に入り、東の美濃を巡り、伊勢の国に至った。

天照大神の巡幸は、大和の宇陀から近江、美濃を経て伊勢に至る道程である。天照大神の巡幸地はその他にも伝承があり、伊勢参宮が全国に広まるにつれて次第に追加されていった。記録には二十六ヶ国の巡幸経路が認められる。

天照大神は、伊勢国に至って、倭姫命に、

　この神風の伊勢国は、常世の波がしきりに打ち寄せる国である。大和の傍らにある国で、美しい良い国である。この国に居たいと思う。

と告げられた。そこで、倭姫命は、天照大神の託宣を受けて、その祠を伊勢の国に建て、斎宮《さいぐう》を五十鈴川のほとりに建てられた。これを磯宮《いそのみや》という。

これが天照大神が初めて天から降臨された地と伊勢の祭祀の始まりについての記事である。

千年を超える「人と神を結ぶ道」

倭姫命は天照大神の「御杖代《みつえしろ》」である。御杖代とは、神霊が降りる依代である。神の巡幸は、神の名とその意志において御杖代を通して行われる。

御杖代は、神の教えを受け、それに従って移動する。神々の巡幸は鎮座する形勝《けいしょう》の地を求めてである。同時に、神威の宣布と祭祀圏の確立を求めてのことである。「神風の伊勢」と称される聖地であり、大和の都から遠く離れた伊勢の東端に天照大神の大宮が卜定《ぼくじょう》された。卜定とは、その字の通り、卜《うらな》い定めることである。

歴代の天皇は未婚の皇女を伊勢に「大神の御杖代」として派遣した。「斎王《さいおう》」である。斎王は、天皇の即位とともに卜定され、二年余の潔斎《けっさい》の後、伊勢の「斎宮」に入り、神宮に奉仕した。最初の斎王とされるのは豊鍬入姫である。制度上の最初の斎王は、天武二年(六七三)に卜定された天武天皇の大来皇女《おおくのひめみこ》である。大来皇女は、泊瀬《はっせ》の斎宮から伊勢に下向《げこう》した。それ以降、天智天皇の皇女などが斎王として伊勢に派遣された。斎王制度の廃絶は後醍醐天皇の時代のことである。

斎王が葛野川《かどのがわ》（桂川）で禊《みそ》ぎを行って嵯峨野の野宮《ののみや》に入るようになったのは、桓武天皇の平安京遷都後の延暦十六年（七九七）のことである。斎王は宮城内の斎院と野宮で二年間潔斎して伊勢に下向した。

『源氏物語』において、六条御息所《ろくじょうのみやすどころ》の姫君が斎王に卜定されて、野宮で潔斎をして伊勢に向かうのもこの制度においてである。

斎王の伊勢下向の経路は平城京と平安京では異なるが、光孝《こうこう》天皇の仁和二年（八八六）に鈴鹿峠越えの阿須波道《あすはみち》が開通した。斎王群行の道である。斎王が伊勢に下向するとき共に赴任するのは、群行の長官である監送使を筆頭に、女官、男官を含めて総勢五百数十名であったとみられる。この時代においては最大規模の人の移動であった。

この斎王群行の道は、平安京を出て、近江の国の勢多頓宮《せたのとんぐう》から甲賀頓宮、垂水《たるみの》頓宮を経て鈴鹿峠を越え伊勢の国に入り、鈴鹿頓宮、一志《いちしの》頓宮と五泊し、六日目に多気《たけ》に至る道程である。頓宮は宿泊用の仮設建築物であるために、斎王群行が終わると全部撤去する。したがって、現在でもその正確な位置はわからない。

京の都からの伊勢参宮の道

京都から伊勢に至る基本的な経路は、寛政《かんせい》九年（一七九七）刊の『伊勢参宮名所図会』に詳細に記されている。

まず京三条橋を起点に、東山山麓の道を、白川橋、粟田《あわた》、青蓮院《しょうれんいん》、金蔵寺、牛頭天王祠（祇園社）、仏光寺、阿弥陀堂、山科《やましな》、毘沙門堂、十禅寺などと京の名所を巡った。次に逢坂関《おうさかのせき》を過ぎ近江国に入る。そして、逢坂関旧蹟、大津里、四宮明神、石山寺、勢多橋、建部明神社、草津駅、石部社、鈴鹿神社などの名所を経て、関の追分で東海道から伊勢の参宮道に入る。「東国より参宮の人、街道より別れて、津の江戸橋へ出づる。その順路、桑名を始めとしてここに出だす」とある。

さらに桑名駅、桑名神社、中臣《なかとみ》神社、佐野神社、桑名御船場、天武天皇頓宮、四日市、白子観音、津、松坂駅、少名彦名祠《すくなびこなのやしろ》などを過ぎて、櫛田川（神服部機殿《かんはとりのはたどの》、神麻績機殿《かんおみのはたどの》）、多気川（祓川）、再拝橋（勅使参向時の架け橋）、斎宮村、斎宮旧蹟、村松岸（斎宮遷幸の地）などに至る。

そして、大淀浜、大与杼《おおよど》神社などを経て宮川（「山田の入口なり。これより外宮北御門まで三十町」）に着く。

新古今
契りありてけふ宮川のゆふかづら　永き世までもかけて頼まん　定家

新拾遺
御祓する豊宮川の藤浪の　数より君をなほいのるかな　朝勝

さらに藤波里、御牧《みまき》小野《おの》を経て中川原に至る。

中川原　諸国の参詣人を御師《おんし》より人を出だし、ここに迎ふ。その御師の名、講の名、組頭の姓名を書して、この所の家ごとに招牌《しるし》を出だせし事竹葦のごとし中川原から山田（「外宮神前の町をいふ」）に至る。

この山田（宇治山田）は伊勢参宮の人びとで賑《にぎ》わう所である。そこより、道を行って、離宮院旧蹟、月読宮《つきよみのみや》、高河原社、館町《たちまち》、豊川を経て、外宮に参る。

外宮の祭神は、

度会宮正殿《わたらいのみやしょうでん》　豊受皇太神《とようけすめらおおんかみ》　一座

相殿《あいどの》　天津彦々火瓊々杵尊《あまつひこひこほのににぎのみこと》・天太玉命《あまつふとたまのみこと》・天児屋根命《あまつこやねのみこと》　三座

である。

外宮参拝後、東宝殿、西宝殿、幣帛殿《へいはくでん》、裏御門、御饌殿《みけでん》、四十末社、高宮、内宮遥拝所、土宮、月読宮遥拝所、山神社《やまのかみのやしろ》、下御井社、風宮、御炊殿《みかしぎどの》、伊加利社を経て内宮方向に進み、橋姫社、宇治橋、五十鈴川、鏡石に至る。

宇治橋　宇治郷にあればかく号《なづ》けり。川は五十鈴川なり。（普通の橋より反《そり》あつて、長さ六十間、広さ四間半、正中《まんなか》の高さ三丈）前後に鳥居あり。

『伊勢参宮名所図会』に描かれた宇治橋と五十鈴川

五十鈴川（御裳濯川《みもすそがわ》とも云ひ、また宇治川ともいふ）この川二派にして、一派は志州磯部村の辺の谷々より来る。一流は宇治山々の谷、また志州より流るるなり。末は中村・楠部《くすべ》・鹿海《かのみ》村過ぎて二見の海に至る。

宇治橋を渡り、禰宜宿館《ねぎしゆくかん》、神庫を経て、一鳥居、手水場、祓所、二鳥居、一殿、忌火屋殿《いむやどの》、荒祭宮《あらまつりのみや》遥拝所、外幣殿、玉串所、外宮豊受宮拝所、冠木《かぶきの》鳥居、第四御門、斎王候殿、第三鳥居、八重榊、玉串御門、蕃垣御門、瑞垣御門を巡り、内宮正殿に着く。

内宮の祭神は、

内宮正殿　天照皇大神《あまてらすすめらおおんかみ》　一座

相殿　東、手力雄命《たぢからおのみこと》　西、万幡豊秋津姫命《よろずはたとよあきつひめのみこと》

である。

内宮正殿参拝後、東宝殿、西宝殿、八十末社、西鳥居、御稲御倉《みいねのみくら》、裏御門、北鳥居、北玉垣御門、北瑞垣御門、荒祭宮、桜宮、河原神社、由貴殿・酒殿、五十鈴川橋、僧尼拝所、風宮、滝祭宮、河原祓所などを経て朝熊岳《あさまがだけ》に往く。山田より二見への道である。

できるかぎりの見聞を楽しむ参宮者たち

伊勢参宮の道は、京・近江から紀伊に至るのが基本である。その他にも伊勢への道が幾通りかある。平城京から笠置《かさぎ》を通る道、藤原京から初瀬《はつせ》、名張《なばり》を通る道など、いずれも、平城京や平安京と伊勢神宮を結ぶ道である。

江戸後期になると、「参宮の道」は、もっと広範になっていく。たとえば、『伊勢参宮名所図会』は「附録」として、次の名所をあげている。

長等山（三井寺より志賀の山越までの名なり）、三井寺、湖水（竹生島、多景島、沖の島、長命寺山、八幡宮山、黒津の八島など）、州崎（西浦、柳が崎、唐崎など）、滝（比良滝《ひらのたき》、葛川明王堂滝、音無滝など）、山（比叡山、比良山など）

さらに、近江八景と順次にあげて、また、神社仏閣も掲げている。たとえば、

白鬚明神、磯崎明神、多賀、建部、三上社、新羅大明神、四宮、八幡宮、西教寺、浮御堂《うきみどう》、岩間寺、石山、長命寺、百済寺

などである。これらは琵琶湖畔の神社と寺院である。さらに、余呉湖《よごのうみ》、錦織里《にしこりのさと》、志賀故郷、大津旧都、志賀の山越・打出の月見坂、貫之祠《つらゆきのやしろ》、黒主社《くろぬしのやしろ》、十王堂、明智寺、滋賀院、慈眼大師廟、日吉山王社《ひえさんのうのやしろ》、七社、唐崎明神社、来迎寺などをあげる。

勢多（瀬田）の建部《たけべ》は近江の一の宮、伊勢への道と湖畔の道の分かれ目である。

『伊勢参宮名所図会』の刊行された寛政の時代には、伊勢参宮の旅は、それまでの道から

離れてより広範囲に及んでいる。生涯に一度の旅に出た参宮者はできるかぎりの見聞をして楽しんだのである。

江戸庶民の代表「弥次喜多」の伊勢参宮の旅

伊勢神宮への道は、関東からだと約二週間かかった。東海道を西に向かいながら、途中、その道々にある名所・旧蹟などを見てまわる。そのかなりの部分が、その地にある神社や寺院である。

伊勢参宮は一生に一度のことである。江戸時代の「お伊勢参り」は、未曾有の規模であったが、すべての者が参宮できたわけではない。生涯参宮できない者も多かった。人びとの多くは旅の土産話を聞いて楽しんだのである。また道中記や参詣記などを目にした者もあった。

そうしたなかで旅行記の類が多く出版された。とりわけ十返舎一九《じっぺんしゃいっく》の戯作《げさく》『東海道中膝栗毛』は大いに評判になった。いわゆる「弥次喜多」道中記。「伊勢めぐり」は東海道五十三次の旅の道中の話である。「膝栗毛五編追加」の部分である。伊勢は十返舎一九自らが踏査した地であるが、『伊勢参宮名所図会』などが参考にされたといわれる。

江戸より京までの道法《みちのり》は、あわせておよそ百二十五里といわれる。

江戸庶民の代表である弥次郎兵衛と喜多八は、日本橋から、箱根、蒲原、岡部、日坂、新居、赤坂、桑名と旅を続けて、追分で東海道から別れて伊勢路へと進み、山田に向かう。

伊勢の山田は、「十二郷ありて、人家九千軒ばかり」、商家が甍を並べ質素ながら厳かな神都の風情がある。御師の名を板に書き付け、用足所の看板は竹や葦《あし》のように隙間もなく立っている。この山田で参宮者は「太々神楽《だいだいかぐら》」を奉納する。

御師の勧めるのは「やすうて金十五両」と聞いた弥次郎兵衛は、「太々講《だいだいこう》がならずば、是で、蜜柑《みかん》講でも頼みます」と「橙《だいだい》講」に引っかけて断る。弥次郎兵衛の行くところ駄洒落と狂歌満載である。


なげ銭を網に受けつつ往来の　人を茶にする宇治橋のもと

と洒落ながらも、内宮と外宮を巡拝する。

是より内宮、一の鳥居より、四つ脚の御門、猿がしらの御門をうちすぎ、御本社にぬかづきたてまつる。是、天照皇太神にて、神代よりの神鏡神剣をとつて、鎮座したもふところなりと

日にましてひかり照りそふ宮柱　ふきいれたもふ伊勢の神かぜ

ここに朝日の宮、豊の宮よりはじめて、河供屋、古殿の宮、高の宮、土の宮、其の外末社、ことごとく記すにいと間なし。風の宮へかかる道に、みもすそ川といふあり

引ずりていく代かあとをたれたもふ　御衣裳川《みもすそがわ》の流れひさしき

さすがの弥次喜多も、「すべて宮めぐりの内は、自然と感涙肝にめいじて、ありがたさに、まじめとなりて、洒落もなく、むだもいはねば、しばらくのうちに順拝おはりて」という有様。もとの道を妙見町に帰って藤屋を昼立ちし、外宮の豊受大神宮に参って伊勢参宮を終える。

京・大坂まで足をのばす弥次喜多

「伊勢めぐり」をすませた弥次喜多は、奈良街道を経て、山城の宇治にかかり、伏見の京橋から船に乗り京に向かう。乗りまちがえた船中で八幡山《やわたやま》、山崎、淀の堤を見ながら、再び、伏見の船の上がり場に着いて、伏見のまちを通りすぎて、墨染、深草の里、藤の森、稲荷山、大仏殿方広寺《ほうこうじ》へと名所を歩いた。さらに、蓮華王院の三十三間堂にて、

いや高き五重の塔にくらべみん三十三間堂のながさを

と、東寺の五重の塔を狂歌に詠《よ》んだ。

東寺と呼ばれる教王護国寺の五重の塔は「高さ二十九間」といわれる。教王護国寺は、平安京の誕生とともに創建された官寺である。平安京の南端、羅城門の東にあるために、西寺と並んで東寺と呼ばれる。

嵯峨《さが》天皇により空海に下賜《かし》され真言密教の聖地となる。五重の塔は、空海の生前には完成されておらず、建立後はたびたび焼失した。現在の塔は徳川三代将軍家光が再建した五

代目で、高さは五十五メートルである。

金堂の本尊は薬師三尊像。講堂に大日如来座像、諸堂には多数の仏像が安置されている。

弥次喜多は、次に清水坂《きよみずざか》に来て、両側の茶屋から呼び止められながら清水寺に至った。さらに、滑谷《しるたに》、五条の橋を通って五条新地に宿をとり、翌日、河原院の旧蹟へ行き、首途《かどで》八幡、高瀬川、宮川町を過ぎて、祇園の社に参る。四条通りを寺町に下がり、その日は三条小橋をわたって一泊。次の日は宿から千本通中立売を過ぎて、北野天満宮、東向観音、平野の社、紙屋川二軒茶屋をまわる。あくる日、島原の廓中を見物して、朱雀野より丹波街道を横切り、淀の大橋より下り船に乗って大坂に赴く。

大坂では桜の宮、網島、難波《なにわ》新地、道頓堀、堺筋通、日本橋など「名どころ」を一目見ようと案内人を連れて行く。高津の宮、谷町、天満宮の御社、坐摩《いかすり》の宮、難波御堂、仁徳天皇の社、堺筋、生玉、四天王寺、住吉明神などを見物する。

その後大坂を出立して、木曾路にかかり、草津の温泉で遊び、善光寺、妙義山、榛名《はるな》山を参ってめでたく江戸に帰着する。

『東海道中膝栗毛』は、江戸時代の滑稽《こっけい》と洒落の「戯作」であるが、「国々の名山勝地をも「巡見」することが付け加えられている。「神風や伊勢参宮より、足引《あしびき》のやまとめぐりして、花の都に、梅の浪花へ」という道中を記す読物、旅の土産話なのである。

見る、食べる、遊ぶというのが旅の面白さ。それは現代の観光旅行と同じであるが、物見遊山とはいえ、その中心は伊勢の参宮に代表されるように、神社と寺院の参拝である。祈り、拝むことが旅の第一の目的であるのはいうまでもない。

「遊ぶ」のが本音で「参る」のは建前であるとみる向きもあるが、むしろ、「聖」と「俗」が表裏一体であるのが、「巡礼」や「遍路」といわれる旅のあり方といえる。神々を祀る祭礼そのものが「神遊び」とか「神賑わい」といわれる神事を本質的に含んでいる。

仏の前で行われる「法楽」も同様である。神や仏に楽しんでいただき、人びともともに楽しむ。あるいは、神とともに飲食をする「直会」は、神道儀礼の根幹の一つである。

要するに、「祈り・見る・食べる・遊ぶ」の四つが、江戸時代の旅の目的であった。ただ、私たちの提案する「こころの旅」も、「見る・食べる・遊ぶ」だけでなく、現代人の多くが忘れた「祈り」と「願い」を思い出すものであってほしいし、そう願っている。

第三章　神と仏の聖地「山岳」の苦行と功徳

天地が共感し、自然が調和する聖地

遠くにそびえる秀峰、峰々が幾重にも重なる山嶺。その麓に源を発する大川は神のいる聖地である。名山や大川は、神の天降《あまくだ》る霊地、神の鎮まる仙境である。その風景を遥かに望み見て人びとは神々を祀る。

『日本書紀』や『古事記』には深山幽谷の風景が随所に描かれている。たとえば、日本《やまと》武尊《たけるのみこと》が、東征の折に入った信濃の山と伊吹の山である。そこに白鹿と大蛇に化身した山の神がいた。『日本書紀』によるとこうである。

山が高くて谷は深く、青々とした嶺が幾重にも重なり、人は杖に頼っても登るのが困難である。巌は険相で、高峰は幾千ともしれず重なる。霞をかき分け、霧を押し分けて、遥かに大山を渡り、峰に到る。

山の神は、雲を起こして雹《ひょう》を降らせた。峰を霧が覆い谷は暗くて、行くべき道もなかった。山を越え川を渡る所も分からなかった。霧をついて前進して、辛うじて出ることができた。山の麓の泉のほとりに来て、水を飲んで正気に戻った。

このような神山または名山を、身近な自然のなかに引き寄せようとしたのが「神仙境」という考え方であり、「山水」というコンセプトの風景である。

高い峰、その下に広がる四海。雲霞の漂う遠い山々。幽《かそ》けき谷、飛ぶ滝のもとに浄き川が流れる。遥かなる野が広がり、豊かな泉池が水をたたえている。

春秋に樹木が茂り、草花が咲く。松樹、梅花、桜花、藤花、紅葉。樹上には鳥、樹下には鹿。

正倉院の御物《ぎょぶつ》にもみえる唐絵《からえ》の山水の景を引き継ぐ倭絵《やまとえ》に描かれた風景である。山水は、清浄、閑静の勝地であり、俗塵を離れた天地、神仙の遊ぶ境である。天地が共感し自然の調和した理想の風景である。それは神々の聖なる世界そのものである。そして、仏もまた神と同じく天地自然のうちに存在する。

神道と仏教は自然を媒介として関係を結んできた。山水の風景のなかに神も仏も姿を現すといいかえてもよい。

高野山《こうやさん》をはじめ真言宗の各寺院には優れた「山水屛風《びょうぶ》」が備えられている。灌頂《かんじょう》の儀式に際して尊者の後ろに立てられるものときく。

『源氏物語』は「山水に澄める心」「山水のゆたかなる心ばへ」という。山水の住み処は濁りなき所であり、澄めるこころをもって隠れ住む所である。幽静なる境地、清澄の境地は、神や仏に相見《まみ》えるに相応《ふさわ》しい。

各神社や寺院の「社頭図」「境内図」「参詣図」などや、神道や仏教の「曼荼羅《まんだら》」は、その結構において山水の風景が認められる。それらの絵図の多くには、神社と寺院の建造物が描かれている。山に水が湧き、滝が落ち、野を潤す川の流れとなって海にそそぐ。

風景を旅することとは見えざる神と仏に出会うことである。そのことに改めて私は注目する。神々は、山や川に鎮まり、神籬《ひもろぎ》や磐座《いわくら》に天降る。森はすなわち社である。そして、緑あふれる鎮守の森に囲まれた朱い柱と白い壁の社殿に神々は斎《いつ》き祀られた。多くの神社や寺院が建立された深山幽谷は、歴史的に信仰と文化が基盤としてきた聖地霊場そのものである。

山岳宗教の一大霊場「熊野《くまの》三山」

山や森は、聖地霊場である。その地に寺を構えて仏を安置する。そして、山居して仏道修行を行う。山林抖擻《とそう》や山行回峰《かいほう》は、深山幽谷を巡る苦行である。

峻厳《しゅんげん》な山岳、深山幽谷は、人の至りがたい神々の世界である。そこに入ることには危険が伴う。敢えてその危険を冒そうとするところに山岳修行が生まれる。

日本には中国の山岳にくらべると高さでは劣るが、いくつかの屹立《きつりつ》した山容が認められる。それらの山岳は、神々の鎮まる聖地であり、もしくは、山そのものが神である。

その多くは火山列島の産物である。あるいは海岸線から短い距離に位置する急峻な山脈である。東国の富士山や浅間山などの山岳に対して、西国は中央に走る山脈が神と仏の聖地として認められている。熊野三山、大峯・吉野《よしの》山、高野山、葛城《かつらぎ》山、比叡山《ひえいざん》などが山岳修行の聖地である。

紀伊《きい》半島の南の先端、峻険な熊野三山を巡拝する熊野参詣が始まったのは平安時代からである。熊野は、海岸線に近いとはいえ深山幽谷の地である。際だってそびえる高山はないが、「熊野三千六百峰」といわれる数かぎりない山々が折り重なって連なっている。大小の谷や川と岩や崖の入り組んだ鬱蒼《うっそう》とした森林の地である。

紀伊熊野に鎮座するのは熊野本宮大社、熊野速玉《はやたま》大社、熊野那智《なち》大社である。平安時代中ごろより、三社あわせて「熊野三山」と呼ばれるようになった。

熊野本宮大社は、五棟十二社の社殿が熊野川・音無川・岩田川の合流点の大斎原《おおゆのはら》に鎮座していたが、明治二十二年（一八八九）の洪水により流失した。そのため中四社・下四社を元の地に残し、上四社が熊野川右岸の高所に遷された。結宮の第一殿に熊野夫須美《ふすみ》大神、第二殿に御子速玉大神、本宮の第三殿に主祭神である家津御子《けつのみこ》大神、若宮の第四殿に天照大神《あまてらすおおみかみ》が祀られている。

熊野本宮は、崇神天皇によってはじめて建てられ、その後、千数百年にわたり熊野国造家の子孫によって祀られているといわれる。

社記に「神世の時代、この熊野の地を治めた天孫系神別諸氏《てんそんけいしんべつしょし》の日神信仰によって創立したのがこの本宮である」とする。熊野の大神の遣いが「八咫烏《やたがらす》」であることも、本宮の祭神の始原が日神であることを物語っているという。

熊野速玉大社は、十二社殿あり、第一殿の結霊宮に熊野結大神、第二殿の速霊殿に主祭神である熊野速玉大神、第三殿の証誠殿《しょうじょうでん》に家津美御子命《けつみみこのみこと》と国常立命《くにとこたちのみこと》など、あわせて十二柱の神々を祀る。

熊野速玉大社の由緒は、熊野信仰の原点である「神倉山」の霊石ゴトビキ岩・天《あま》ノ磐楯《いわたて》を神体とすることに源がある。神社は、景行《けいこう》天皇の時代、天ノ磐楯に降臨した熊野三神を新しく建立した神殿に迎えたことに創始する。この神社神道へ信仰の形を新しく整えたことによって「新宮」と号したといわれる。

熊野那智大社は、神殿が六殿あり、第六殿には八社殿がある。第一殿の滝宮に大《おお》己貴《なむち》命《みこと》、第二殿の証誠殿に家都御子大神、第三殿中御前《なかごぜん》に御子速玉大神、第四殿の西御前に主祭神である熊野夫須美大神、第五殿の若宮に天照大神を祀る。

社伝に「神武天皇が熊野灘から那智の海岸の二色浦に上陸されたとき、那智の山に光の輝くのをみて、この大滝を探り当て、神として祀られ、その守護のもとに八咫烏の導きによって無事大和へ入られた」とある。

那智大社は、「那智大滝」を神と崇め、そこに国造りの神である大己貴命とその親神である夫須美大神（伊弉冉尊《いざなみのみこと》）を祀ったのである。仁徳天皇の時代に、大滝より現在の社地に遷ったといわれる。修験道の興隆により、大滝の神体である大己貴命の権《かり》の姿として「千手観音」を祀るようになってから「飛瀧権現《ひろうごんげん》」として崇められた。ことに、花山法皇は一千日の滝籠りをしたと記録されている。

明治の神仏分離により、「熊野那智権現」は、「熊野那智大社」となり、大滝を「別宮飛瀧神社」と称することとなった。

中世以降、これらの神社が、熊野夫須美大神、家津御子大神、熊野速玉大神、天照大神など共通の祭神を祀り一体化して熊野信仰として世に広められた。さらに、吉野・大峯を行場とする修験道と結ばれることによって山岳宗教の一大霊場となった。

このように本宮・新宮・那智を「熊野三山」といい、あるいは証誠殿（家津御子大神）・結神（熊野夫須美大神）・熊野速玉大神を「三所権現」と称し、本宮の主神の本地は阿弥陀如来、新宮は薬師如来、那智は千手観音と、それぞれの本地仏が権の姿をもって現れたものと説かれた。熊野三山詣では、熊野の霊験あらたかな神と仏の隠《こも》り坐《いま》す聖地を巡拝するのである。

補陀落渡海《ふだらくとかい》と「救い」への願望の厳しさ

那智大社に「熊野那智参詣曼荼羅」がある。そこには「補陀落渡海」の有様が描かれている。また、熊野の那智の海岸から、海の彼方にある観音浄土の「補陀落」に船出をした記録が、那智大社所蔵の『熊野年代記』にあり、それによると二十回の渡海が記されている。海の遥か向こうの観世音菩薩の浄土に渡るために小舟で乗り出した僧侶たちである。

日本に来たイエズス会の宣教師たちも那智の海岸から観音浄土に向かって船出する僧侶を見て、ポルトガルに報告している。

「熊野那智参詣曼荼羅」は補陀落渡海を描いた絵画資料である。そこから室町時代の補陀落渡海がうかがえる。曼荼羅の画面上方に日輪と月輪《がちりん》が配され、那智大社の本殿や礼殿などが描かれ、その右に青岸渡寺の堂塔、そして右端に那智大滝が見える。下方には補陀洛山寺と、熊野那智権現の大鳥居がある。さらに下方に補陀落渡海入定《にゅうじょう》の光景が描かれている。

補陀落渡海の船は、入母屋で覆われ中心に帆柱を立て帆をかける。屋根の四方に四基の鳥居を立て、その間に忌垣《いみがき》が巡らされている。

二艘《にそう》の伴船には袈裟《けさ》姿の僧と漕ぎ手、先達の三人が乗っている。浜には鳥居をくる三人の渡海僧が並び、見送りの人びとが地面に正座して手をあわせて拝んでいる。

明らかに葬送の形式である。その行法は入水《じゅすい》である。

『吾妻鏡《あずまかがみ》』は、「かの乗船は、屋形に入るの後、外より釘をもつて、みな打ち付けたり。一扉も無し。日月の光を観ることあたはず。ただ灯によるべし。三十ヶ日の程食物ならびに油等僅かに用意せり」と記している。

渡海僧と同行者たちは、周囲の見えない閉ざされた船で海を漂いながら死を迎える。そのことによって観音浄土への往生を遂げる。

観音菩薩の補陀落浄土は、阿弥陀如来の西方浄土に先だって、多くの人びとの信じるものであった。平安時代以降、南海上に観音菩薩の浄土「補陀落」があるという信仰が人びとの間に広まった。たとえば、その海岸から観音浄土に船出したことを示す「補陀落」の名が四国土佐の室戸岬にもあるが、それは、中世時代に行われた熊野那智における補陀落渡海の前のことと考えられている。

「熊野那智参詣曼荼羅」(熊野那智大社蔵)。補陀落渡海入定の光景を描いた、貴重な絵画資料である

この土佐東部の室戸岬や土佐西部の足摺《あしずり》岬などのように、海に向かって突き出た岬や海岸は聖地とされたのである。その他、平安時代から中世を通じて、補陀落渡海の伝承は各地に残されており、全体で五十を超える。ただ、その約半数が那智からの渡海であった。

それは人間の生と死の根源的な問いをはらんでいると私は考える。さらにいえば、人間にとっての救いとは何かという問いである。

私は二十年余り前に、那智勝浦の補陀洛山寺を訪れたが、寺守の姿も見えず閑散としていた。海だけが昔に変わらず波を寄せていた。

苦行が功徳につながるという原理

平安時代に始まる熊野参詣が盛んとなるのは院政期の十二世紀である。上皇や女院の熊野参詣で注目すべきは、寛治四年（一〇九〇）の白河上皇の熊野御幸《くまのごこう》である。熊野三山参詣はそれ以降急速に盛んになった。

熊野への道には、平安時代末期、後白河院の撰《せん》による『梁塵秘抄《りょうじんひしょう》』が謡うように、紀伊路と伊勢路があった。

熊野へ参るには
紀路と伊勢路のどれ近し　どれ遠し
広大慈悲の道なれば
紀路も伊勢路も遠からず

この歌の意味は、「熊野は、紀伊路を通っても、伊勢路を通っても遠い。しかし、一切衆生《しゅじょう》を救うという広大な熊野《くまの》権現《ごんげん》の慈悲の道だから、どの道を通っても遠くない」ということである。

紀伊路はさらに大辺路《おおへち》・中辺路《なかへち》・小辺路《こへち》に分かれる。大辺路は紀伊田辺から那智の浜宮王子間を海岸沿いに巡る道。中辺路は田辺から本宮に向かう中世のメインルート。小辺路は高野山と本宮間を直接的に結ぶ山間の道。

伊勢路は田丸から海岸沿いに新宮に向かう道である。古くからの道は、紀伊路の中辺路と伊勢路である。

熊野三宮に参詣した上皇や平安貴族などは、紀伊路（中辺路）を通った。京から出立するとき、桂川と宇治川・木津川の合流点の山崎津（現在の大山崎）の対岸にある男山に鎮座する石清水八幡宮に参拝して、淀を下った。摂津の渡辺津（中央区石町）で上陸し天王寺・住吉を経て、和泉《いずみ》の国を南下し、雄《お》ノ山峠《やまとうげ》を越えて紀伊の国に入る。

さらに南下して藤白坂・蕪坂・鹿瀬山などを経て田辺に至る。田辺から滝尻に至り山中を本宮に向かう。本宮から熊野川を下って新宮、次いで那智を巡拝する。その後同じ道筋を本宮に戻るのが普通である。

紀伊路のうちで、熊野三山と大坂を結ぶ参詣道は、大坂から堺、泉南など瀬戸内の海岸線を経て、海南、藤白など紀伊半島の西海岸線を進み田辺から山中を本宮に至る道である。中辺路は、紀伊の国に入ると急な峠が多く、滝尻からは険しい山道である。難所は鹿瀬山と滝尻の急坂である。後鳥羽院の熊野御幸に随行した藤原定家が「崔嵬《さいかい》（高く険しい）」とか「険阻《けんそ》」という言葉をたびたび用いているのもこのあたりのことである。

この道は、「九十九王子《くじゅうくおうじ》」という熊野権現の御子社《みこしゃ》に参拝しながら熊野三山に向かう。京を出た御幸一行は船で淀を下り、石清水八幡宮に参詣し、山下の高良社で道中の安全を祈願し、再び乗船し、大坂の船着場から第一王子の「窪津王子《くぼつおうじ》」を祀っていた坐摩《いかすり》神社の行宮《あんぐう》に参った。後鳥羽上皇の熊野御幸では、読経や里神楽が奉納されている。第二の「坂口王子」、第三の「郡戸王子」に参り、四天王寺の南大門前にある「熊野権現礼拝石」で、南方の遠い熊野三山を遥拝した。そのように「九十九王子」を巡拝しながらの熊野御幸である。

大坂からは紀伊路を南下して田辺に行く。中辺路の最初の出立《でだち》王子から山中を通って本宮に参る。そして、中辺路を那智まで行き、さらに新宮まで巡って本宮に引き返す。

参詣道の王子は、大坂から熊野までの道中に百ヶ所近くある。王子の基本は、熊野三山や、先達の祀る熊野権現の御子神《みこがみ》あるいは摂社《せっしゃ》である。その他、村々や在地の鎮守から種々の小祠まで含まれている。これら大小の神々を「九十九王子」として組織したのは熊野三山や先達である。

熊野参詣は、まず前行として熊野精進屋に籠って厳重な禊祓《みそぎはらえ》をし、途中の王子社でも禊祓を行った。

熊野参詣は一般の物詣でとは異なり、苦行であった。『梁塵秘抄』は謡う。

熊野へ参らむと思へども
徒歩《かち》より参れば道遠し　すぐれて山きびし
馬にて参れば苦行ならず
空より参らむ　羽賜《た》べ　若王子《にゃくおうじ》

都から熊野への道は、歩いて参るには遠く、山々は厳しい。だからといって馬で参ると苦行にはならない。熊野詣でなど、仏神に祈願する際はさまざまの方法で苦行をした。難路悪路を苦労すればするほど参詣の功徳が大きいという原理である。

紀伊路のうちの熊野街道は「小栗街道」と呼ばれる。説教節や浄瑠璃《じょうるり》で語られる「小栗《おぐり》判官《はんがん》」と「照手姫《てるてひめ》」の物語の道である。

病いのために足が不自由になった小栗判官を伴って、熊野本宮の湯の峰まで行く難路である。病いを治すことを願って、丸太を輪切りにしただけの車輪を付けた土車《つちぐるま》に乗せて行く。苦行の道の象徴的な説話である。

「ひと引きひいては千僧供養《せんぞうくよう》、ふた引きひいては万僧供養」「えいさらえいと引くほどに」。道行く人たちに引いてもらいながら熊野本宮に辿《たど》り着き、霊験《れいげん》によって病いが癒される説話である。明治の神仏分離以降は、この唱道も絶えてしまったということである。

「大峯奥駈《おおみねおくがけ》」の道

熊野三山の道は、紀伊路と伊勢路の他に「大峯奥駈」の道がある。この道は、修験の道である。

役行者《えんのぎょうじゃ》（役小角《えんのおづぬ》）を開祖と仰ぐ修験道は、山岳に起臥《きが》して修行する行法である。その「大峯奥駈」は、大峯道を尾根伝いに「七十五靡《なびき》」と呼ばれる行場を巡り山岳抖擻の修行をする。抖擻は「抖《う》ち擻《はら》う」と訓《よ》む。山林に住して煩悩を抖擻《はら》い、諸々の執着から離れることと解される。心身の浄化である。

罪穢《つみけがれ》は禊祓によって消滅するとともに、苦行という肉体的苦痛によって贖《あがな》うことができる。「大峯奥駈」は苦行の道であり、命がけの修行である。

聖護院門跡の宮城泰年門主は、五十年前の最初に参加した百二十キロの大峯奥駈修行を振り返り、次のような体験を記している。

吉野川の水垢離《みずごり》から始まる抖擻修行で、ここでは既に両親の縁によって授かった命も金峯《きんぷ》の神に預けての峯入りであるという意味の「うた詠み」をするのです。

二十二年前の大日岳《だいにちだけ》の行場でのことです。ここは斜度五十度以上でしょうか、鎖をたよりに五十メートルほどの岩壁を登りついたところに銅像の大日如来が迎えてくれます。おりから風速二十メートルを超える雨風にあおられながら登りつき、大日如来へのご挨拶もそこそこに裏側からもどろうとした時、斜面で滑ったのです。目の前の木に手が伸びたけれど枯れ木だった。「ボキーッ!」と折れたその音は、後にも先にももこれほど絶望的な音を聞いたことがない。倒れながらわらをもつかむ必死の思いで草にしがみついたが、滑って止まらない。

息子の叫ぶ「執事長!」の声でハッと気がついたとき、天地が逆さまに見えます。わずかな斜面から斜めに、しかも二股に分かれて生えている木の股に足が引っかかり逆さまの宙づりだったのです。これを不思議と言わなくてなんと言えるでしょう。まさに仏の指に引っかかって助けられたと言えるでしょう。あと二メートルで深く暗い谷底行きだったのです。

大峯奥駈は、紀伊路の山坂の多い険難の道を通って苦行したのである。「蟻《あり》の熊野詣で」といわれた熊野詣では苦行の旅であった。

大和の金峯山《きんぷせん》は、役小角（神変《じんぺん》大菩薩）の開創になる修験道の根本道場《こんぽんどうじょう》である。金峯山は吉野山から山上ヶ岳（大峯山）に至る山々の総称である。この金峯山を修験道の開祖・役行者が道場として修行し、修験道の御本尊金剛蔵王大権現を感得し、その姿を桜の木に刻み山上、山下に祀った。蔵王堂と金峯山寺の草創である。

「大峯入り」は熊野修験者の山岳修行の第一である。修験の山岳抖擻を行う「七十五靡」は、大峯山系において神仏が祀られている霊地で、窟《いわや》や岩場、滝といった行場の他、お堂などがある。

それらの「靡」を拝し、修行しながら往くのが奥駈である。熊野からの入峯《にゅうぶ》を「順峯《じゅんぷ》」といい、吉野からの入峯を「逆峯《ぎゃくぶ》」という。中世末ごろまでは、「順峯」は園城寺、聖護院などの天台系、「逆峯」は醍醐寺三宝院の真言系が行った。その後、近世には、両派ともに、京都に近い吉野から入峯するようになった。

現在も、おおむね、この経路が行われており、修験の多くが吉野から入峯している。

この吉野から大日岳、涅槃《ねはん》岳などを経て本宮大社に至る「七十五靡」について、宮城泰年門主は、次のように記している。

山は神の守る水の源であり、火の神も住み、木霊《こだま》が樹を守る。それは地域の祖先の魂が住み着き神となった世界です。やがて仏教が入ってからは水の神は弁才天信仰と繋がり、大木や岩窟は変身した神仏の世界、それらを含め峰嶺の山脈は密教の曼荼羅世界と受け止められました。それゆえ、みだりに山の草木を伐採するのは御法度で、「靡八丁斧入れず」という習慣があったのです。

ここに説かれるように、修験の世界は、神と仏に区別はない。むしろ、神に仏を見て、仏に神を見る。そのことを体感するのが大峯奥駈の道である。

そこには、私たちのなかにある根源的な感性や心性が認められるのではないだろうか。それは山岳信仰にとどまらず、神道と仏教の基本にかかわることであると私は考える。

大峯奥駈と六根清浄《ろっこんしょうじょう》

このような神仏一体の修験道は、明治元年（一八六八）の「神仏判然令」と明治五年の「修験道廃止」によって大きな打撃を受けた。

明治五年九月十五日太政官布告「修験宗廃止の件」によると、おおむね、「修験宗の儀、今より廃止される。本山・当山・羽黒派とも従来の本寺所轄のまま、天台真言の両本宗へ帰入するように」という廃止令である。これによって、十七、八万とも二十万とも推定される修験の寺院や僧坊は激減した。

一九四五年以降の再建の結果、現在では、真言宗醍醐寺派、本山修験宗、金峯山修験本宗の三本山のもとの寺院や僧坊は合計数百とみられる。

大峯奥駈も、明治以降は、前鬼《ぜんき》（奈良県下北山村）までの北半分約百キロで下山していた。ようやく、本山修験宗により吉野大峯奥駈が復活したのは二〇〇四年初秋のことであった。秋峯の奥駈である。

約百四十年ぶりの吉野大峯奥駈である。それは、北半分だけでなく、南半分も完全に歩き、熊野本宮から新宮へ熊野川を船で下り、さらには那智へ、再び本宮へ向かう熊野古道を往くものであった。その距離おおよそ二百四十キロ、正味十二日間の大行である。

その大行の主要な日程・行程を次に記す。括弧のなかは時刻である。

（二〇〇四年）八月三十日
出立勤行（6時30分）→熊野神社（6時45分〜6時55分）→京都駅（7時15分〜7時40分）
→橿原神宮（8時35分〜9時01分）→六田着（9時40分）→水垢離《みずごり》場発（11時）→柳宿着
（11時15分）→吉野神宮（11時40分〜12時45分）→銅の鳥居（13時10分）→金峯山寺（13時35分）→［蔵王堂勤行］（13時40分）→［採灯大護摩供《さいとうだいごまく》］（14時）→金峯山寺出発（15時15分）→山上喜蔵院着（15時40分）
八月三十一日
起床・朝食（2時）→出発（3時）→水分神社（3時45分〜4時15分）→金峯神社（4時

40分〜5時15分）→六十丁（6時35分〜6時50分）→足ずり宿（7時30分〜7時50分）→百丁茶屋（8時35分〜9時）→五番関（10時30分〜11時）→洞辻茶屋（12時30分〜13時05分）→新客行（13時30分）→山上喜蔵院（15時）→［山上本堂護摩］（16時30分）→山上喜蔵院着（17時20分）

九月二日

起床・朝食（3時）→出発（4時）→頂仙ヶ岳遥拝（4時25分）→八経ヶ岳（4時50分〜4時55分）→菊の窟遥拝（5時40分〜5時45分）→船の多和（7時〜7時30分）→揚子の宿（8時05分〜8時20分）→孔雀の覗（10時〜10時20分）→縁の鼻（11時）→釈迦ヶ岳（12時30分〜12時50分）→［深仙《じんぜん》・護摩］（13時40分〜14時40分）→太古の辻（15時）→小仲坊（17時）

九月六日

起床・朝食（4時）→出発（5時）→本宮辻（5時30分）→水呑宿（6時〜6時05分）→篠尾辻→大森山（7時15分〜7時25分）→岸ノ宿（8時20分）→五大尊岳（9時05分〜9時20分）→金剛多和（10時40分〜10時50分）→大黒天神岳（11時15分）→吹越宿（12時15

分〜12時30分）→七越峰（13時20分〜13時30分）→備崎（14時）→本宮旧社地（14時30分）→本宮（15時）

九月十日

起床・朝食（6時30分）→出発（7時30分）→桜茶屋跡（8時40分）→石堂茶屋跡（9時30分〜9時45分）→百間ぐら（10時20分〜10時25分）→熊野分岐（10時50分）→請川（11時50分〜12時）→本宮（13時）→［大斎原・護摩］（14時）→あづまや（16時）

大峯奥駈の厳しさは、この行程にもうかがえる。修験道の山岳抖擻である。修験道は、山岳や自然を曼荼羅世界、神仏の在《おわ》す世界とみて入峯する。「懺悔《ざんげ》、懺悔、六根清浄」と唱えながら神仏の坐《いま》す山に入り、目・耳・鼻・口・身・心の六根を清浄して、神や仏に近づく。

それぞれの「靡」で、巌を拝み、滝を拝み、河を拝み、神や仏、聖なるものを感じるのが大峯奥駈である。そこにおける「採灯大護摩供」や「深仙・護摩」が本山修験宗の重要な儀式であり、「大斎原・護摩」は、吉野・大峯の峰嶺《ほうれい》が神と仏の変わらぬ霊場であることを明らかにする儀式である。

大斎原の神仏合同護摩は神仏同座、神仏和合の儀式である。それが当時、本山修験宗の宗務総長であった宮城泰年師と熊野本宮大社の九鬼家隆宮司の協力によって斎行されたのである。

宮城泰年門主は平成二十年四月三日、第五十二世聖護院門跡門主・第四代本山修験宗管長に就任し、その晋山式と祝宴が行われた。私も参列を許され九鬼宮司と席を同じくしたが、「神仏霊場 巡拝の道」は、紀伊では本宮大社から始まることなどを話しながら、神仏につながる御縁を思った。

高野山の参詣と熊野古道

熊野古道は、神と仏、そして人を結ぶ絆《きずな》である。弘法大師空海が開いた高野山の総本山金剛峯寺《こんごうぶじ》と熊野本宮の二大聖地を結ぶ道は小辺路である。

高野山・金剛峯寺→薄峠→大滝→水ヶ峰→平辻→大股→萱小屋→桧峠→伯母子峠→上

西家跡→待平屋敷跡→五百瀬《いもぜ》→三浦峠→川合神社→大師堂→柳本→果無峠《はてなし》→祓戸王子《はらいど》→本宮

全長約七十キロの行程は、熊野の参詣道でも最短であるが、四つの大きな峠を越える難路である。

高野山は、嵯峨天皇より弘法大師空海が紀州のこの地を賜り、真言密教の根本道場として開創したことに始まる。多くの伽藍が八葉の蓮華になぞらえられる峰々に囲まれる。

高野山壇上伽藍の大塔には、本尊の胎蔵界大日如来と金剛界の阿閦《あしゅく》・宝生《ほうしょう》・阿弥陀・釈迦の四仏が安置されている。大日如来は真言密教の根本仏であり、いっさい諸仏の本地とされ、その光明は遍く世界を照らし慈悲は永遠に不滅という。

金堂は本尊を薬師如来とする。高野山開創当時は講堂と呼ばれ、一山の総本堂である。焼失再建を繰り返し、現在の金堂は昭和七年（一九三二）の六度目の再建である。

孔雀堂は、後鳥羽院の御願により建立された。本尊の孔雀明王像は孔雀の威力を神格化した密教像で、諸毒を祓い、災禍を滅して安楽を得させる仏である。昭和五十九年の再建である。

全国に末寺をもつ真言宗の総本山が金剛峯寺である。金剛峯寺の名は、当初は高野山一山の総称であったが、明治以降は山内寺院の本坊としての一伽藍を指すものとなった。歴代天皇の位牌《いはい》を祀る持仏堂がある。

高野山は、平安時代後期から「高野聖《こうやひじり》」の活動によって各地から納骨されて、日本第一の死者供養の霊場となった。奥の院には、弘法大師御廟があり、その参道の樹間には戦国武将などの供養塔が多数ある。

京や大坂からの高野参詣道がある。「高野道」である。江戸時代にこの道は四本あった。明治以降の名称でいえば東高野街道、中高野街道、下高野街道、西高野街道の四道である。

東高野街道は、京の石清水八幡宮を起点に、生駒《いこま》から葛城、金剛山系の西麓に沿って河内を縦断して高野に向かう道である。

中高野街道は、大坂の平野から南下し、松原、美原、狭山を経て河内長野で西高野街道と合流する。

下高野街道は、四天王寺から住吉を南下し、松原、美原と堺市東部の河内国と和泉国の境を通り狭山で西高野街道に合流する。京からの水路を利用すれば四天王寺の近くまで船で行き、そこから陸路を高野や熊野に参る経路もある。

この度の「神仏霊場」もそれらの道を通って神社と寺院を巡拝することになる。

第四章　自然のうちに共存する「古都」の神と仏

古都に生きた人びとの祈りや願い

古代の都は、基本的に、周囲を山々に囲まれた河川の流れる盆地に営まれた。そこに宮殿や官衙《かんが》、邸宅、あるいは、神社、寺院などが造られた。いにしえの都は、時を経た今日では、自然と歴史とがつくりだす風景として、私たちの眼前に広がっている。

奈良、京都に代表される古都は、周囲の郊野《こうや》に、大小の森や林や野がある。しかも、これらの中核をなす社寺の森や山は、原古よりの自然のものであり、なおかつ、人の手によって愛しまれてきたものでもある。

このような古都の風景には、そこに生きた人びとの祈りや願いや思いが蓄積されている。その宗教的心情は、神社や寺院の建造物などにも表されているが、それを取り巻く自然環境においてより明らかである。神社や寺院の森や山である。

太古のときより、神々は、山川、森林、樹木などに降臨し鎮座した。また、山川草木悉《しっ》有仏性《うぶっしょう》と説かれている。一木一草に神や仏が宿る。

古都をかたちづくる社寺を取り巻く森や山は、時代を経てなお、伝統的な宗教や文化、あるいは芸術や技術を育むものとして生き続けている。とりわけ、現代社会においては、都市の近傍にある社寺の森や山は、大切な安らぎと慰めの場である。

そのなかに私たち人間はわずかの時間を生きているが、そのような人の時間を超えたはかりしれない時に仏や神は坐《いま》す。それを感得することができるのは、堂塔に鎮座する仏像や、境内の一木一草によってである。

都の四周にも、多くの神社や寺院が営まれた。緑なす山や森のなかにとけこむように大小の社殿や仏閣の姿が見える。

古都の寺院や神社の建築物は、壮大さを誇りながらも奥深い森のなかにしずみこんでいく。そして、それらは自然との調和を第一とする。自然のうちに在《あ》ることによってこそ、神や仏に見えることができる。

神々の原風景は「青山四周」の「美地」である

この国の風土は四周を青山に囲まれた「美《うま》し地《くに》」を理想とする。古代からの都はそのような地において営まれた。

奈良は、平城遷都の詔《みことのり》に讃美されたように、四方を青龍《せいりゅう》、朱雀《すざく》、白虎《びゃっこ》、玄武《げんぶ》の四神が護り、香具山《かぐやま》、耳成山《みみなしやま》、畝傍山《うねびやま》の三山が鎮めをなしている。そして、東部に春日山《かすが》、高円山、巻向山《まきむくやま》、三輪山、西部に信貴山《しぎさん》、葛城山、金剛山などが連なっている。その山麓に、秋篠川《あきしの》、佐保川、龍田川、飛鳥川《あすか》、纒向川《まきむく》などが流れている。

その間に、古墳や天皇陵、宮殿跡、楼門跡があり、さらに、神社や寺院などの歴史的な建造物がある。緑の樹木の茂る青垣山《あおがき》に四周を囲まれた風景である。

それが神々の原風景である。青垣の巡る山々は神々の天降る美地である。

それは天地四方の中心であり都を定める地である。国讃《ほ》め歌に、

倭《やまと》は　国の真秀《まほ》ば　畳《たた》なづく　青垣　山籠《こも》れる　倭《やまと》し麗《うるわ》し

と歌われる。倭は、本当に秀でた美しい国である。重なり合った青い垣根の山に隠っている倭は実に麗しい、と。

宮都を讃美する表現が「青垣」なのである。『万葉集』の吉野《よしの》讃歌は「吉野の宮は　た

たなづく青垣隠り」と讃美する。神々は、山や森に坐し、木や岩に宿った。それが整えられたのが青々とした樹々に囲まれた「青垣山」である。

藤原宮を囲む山々、香具山、畝傍山、耳成山の大和三山《やまとさんざん》は、いずれも、常緑の樹木が茂る青垣山である。香具山からは、磯城《しき》、高市《たけち》、葛城、埴安《はにやす》、耳成、磐余《いわれ》などの地域が見える。「天香具山《あまのかぐやま》」とは、天上と地上をつなぐ神々の青垣山である。

この地に、飛鳥から藤原、さらに平城へとわが国上古の宮都が営まれた。平城京は、元明天皇の御代、奈良盆地の北端に南の藤原京から遷ってきた都である。和銅三年（七一〇）の遷都とともに、多くの寺がここに遷され、興福寺は春日山麓に、大官大寺は左京の六条七条に遷されて大安寺と改称された。

十年後の養老年間には奈良四十八ヶ寺と呼ばれることになる。元興寺・興福寺・大安寺・薬師寺を四大寺といい、東大寺を加えて五大寺と称した。その他、法華寺・唐招提寺・西大寺などの大小の寺院が造られた。国家鎮護の寺である。聖武天皇・光明皇后は仏教を篤く信じて諸大寺を建立、南都六宗といわれる三論《さんろん》宗・附成実《じょうじつ》宗・法相《ほっそう》宗・附倶舎《ぐしゃ》宗・律《りつ》宗・華厳《けごん》宗が成立した。法隆寺・興福寺・唐招提寺・東大寺などがその中心である。

奈良は「帝都」であるとともに長く「仏都」である。平安時代には、奈良七大寺と呼ばれた元興寺・法隆寺・大安寺・興福寺・薬師寺・東大寺・西大寺などが隆盛を極めた。

奈良には、平城京と飛鳥を結ぶ「上ツ道」「中ツ道」「下ツ道」や「山辺の道《やまのべ》」などの古道の他、大和街道や伊勢街道、京街道や伊賀街道などが通じている。それらの道を用いて「伊勢参り」をはじめ、「熊野詣で」「高野詣で」「大峯山入り」などが行われている。

さらに、伊勢参り、高野詣でなどの途中に大和《やまと》の神社や寺院などの名所を訪ねる大和巡りが増え、近世には国学などの影響によって名所旧蹟の巡覧が盛んになった。

奈良では東大寺や春日大社をはじめとする社寺の門戸が開放され、一般参詣者も、二月堂修二会《しゅにえ》、春日若宮祭など多くの神事や法会、年中行事に参列したり見物したりすることができた。近世期には、近郷のみならず大坂などからの見物客も増え、街道町や旅宿の発展により参詣人相手のさまざまな土産物が作られた。

これらの年中行事が、現在も多くの参詣者や観光客を集めているのは周知の通りである。

こうした神社や寺院を参拝する大和巡りは、江戸時代に行われた東大寺大仏再興と大仏殿復興を契機として、南都奈良の諸寺でも御開帳などによって盛んになった。さらに全国的に広まったお伊勢参りの道中の名所として、いよいよ賑わいを見せた。今日の古寺巡礼は大和に発しているといえるだろう。

大和の神社、寺院への参詣では、名所旧蹟遊覧もあわせて行われ、そのための案内記や地図が刊行された。このうち、特に、地元の東大寺大仏殿西側に店を構える絵図屋筒井家の出版物は人気を博した。

伊勢・大和回り名所絵図の道のり

明和二年（一七六五）刊行の『いせやまとまはりめいしよゑつみちのり』（奈良大仏絵図屋庄八版）は、近世後期に増加した伊勢神宮から大和へ巡る参詣者を対象としている。これには、伊勢神宮をはじめとする各地の神社と寺院を回る道法《みちのり》が示されている。

伊勢から奈良への経路は、紀伊《きい》半島の東海岸から山地の間を通る、松坂と津を経て京に至る伊勢路を北上して、途中の山田、六軒屋《ろつけんや》、月本（松阪市中林町）の分岐点からそれぞれ西に行く道筋である。「絵図」には、

一　大和回り案内図、伊勢・月本より入て、伊賀上野、奈良法華寺、西大寺、唐招提寺

西の京と回れば、路にためなし

又長谷越へは、大和の内にて、七、八里の損也

と記されている。伊賀上野を通る経路が奈良までの通常の道である。伊勢からは月本を西にとる経路である。

この経路は、奈良の北端につながっている。東には、三笠山や春日山、高円山が連なり、東大寺と春日大社が並んでいる。

東大寺は、平城京の東に接し、総国分寺として八世紀半ばに聖武天皇によって創建された。天平十四年（七四二）、平城京東方丘陵地にあった金鐘寺《きんしょうじ》と福寿寺《ふくじゅじ》をあわせて大養徳《おおやまとの》国金光明寺《くにこんこうみょうじ》（大和国分寺）とし、平城京遷都後、紫香楽宮《しがらきのみや》の甲賀寺にかえて大仏造立が図られた。そして、大仏造立とともに金光明寺は東大寺とされた。

東大寺は、『華厳経《けごんきょう》』の宣揚の根本道場《こんぽんどうじょう》として不動の地位を築いていく。それを象徴す

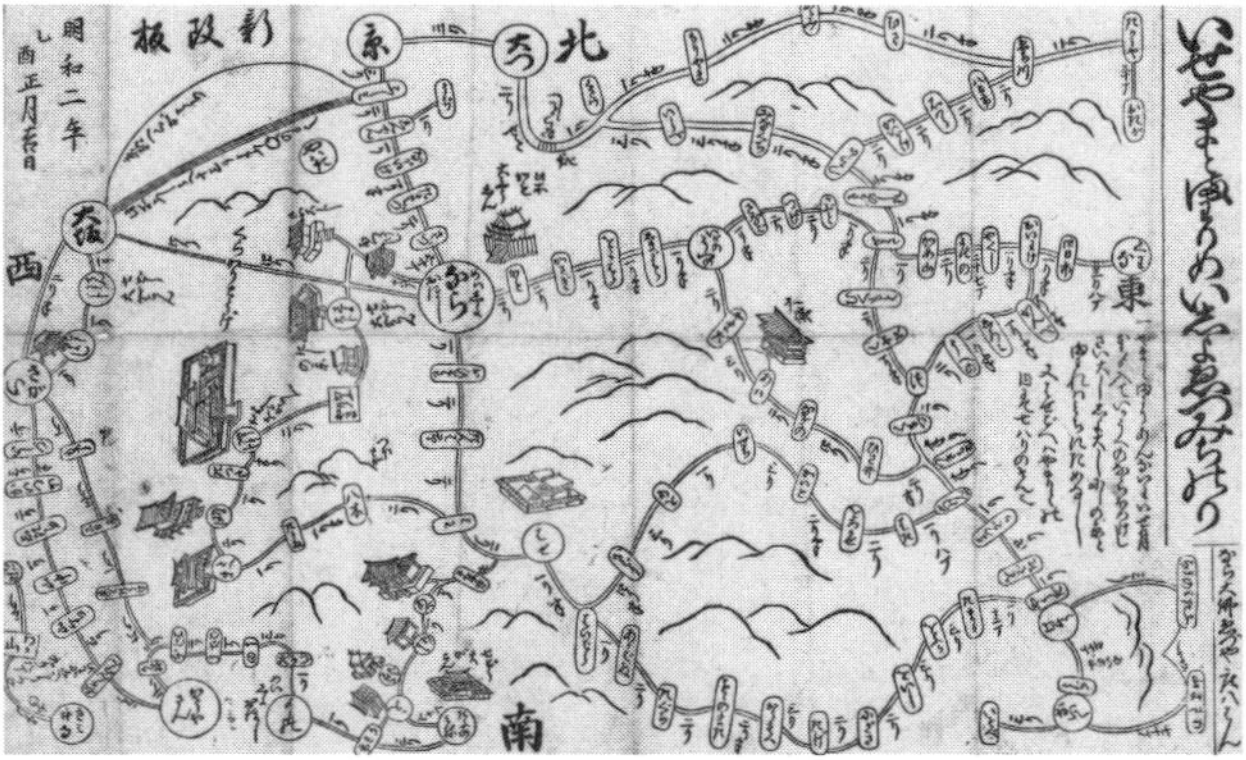

『いせやまとまはりめいしよゑつみちのり』に見える社寺巡りの道のり

るのが天平勝宝四年（七五二）四月の大仏開眼供養と、その後、毎年三月に大仏殿で営まれた「華厳会《けごんえ》」である。それ以降、鎮護国家の道場にふさわしいものとして寺容が整えられた。

寛政三年（一七九一）刊の『大和名所図会』に、

> 春日社の北に隣る。一名大華厳寺《だいけごんじ》。又国分寺。又金光明四天王護国之寺ともいふ。それ当寺は聖武天皇の御願にして天平勝宝年中に成就せり。

と記されている。そして、次のような寺容を記している。

西大門　東大寺西南の門なり。額は弘法大師の筆にして、金光明四天王護国之寺と書し、額の縁に梵天《ぼんてん》・帝釈《たいしやく》・四天王の像を顕し、長さ八尺、亘《わたり》六尺。此門廃してのち、額は東大寺穀屋宝蔵《こくやほうぞう》にあり。

南大門　額は弘法大師の筆なり。

大仏殿　殿の高さ十五丈六尺、東西二十九丈、南北十七丈。これは最初天平年中の造建の丈間なり。

本尊盧舎那仏《るしやなぶつ》　座像、御長《みたけ》五丈三尺五寸、鋳具用《しゆぐよう》　熟銅七千三万九千五百六十斤、白錫一万二千六百三十八斤、練金一万四百三十六両、銅五万八千六百二十両、炭一万六千三百五十六石。これも最初造立の用なり。

二月堂は羂索院《けんじやく》と号す。天平勝宝四年、良弁《ろうべん》僧正の御弟子実忠和尚、勅定によりて造営あり。

奈良の大仏として親しまれている本尊盧舎那仏は、大蓮華に坐し、その蓮弁の一枚一枚に、多くの須弥山世界の上に位置する釈迦世界が刻線で表されている。これは聖武天皇が目指した仏教国家の理想像ともいわれる。

また、東大寺の戒壇は、わが国の最初の戒壇で、天平勝宝六年（七五四）、はじめは大仏殿の前庭に設けられ、唐の僧、鑑真《がんじん》が戒師となり、聖武上皇をはじめ光明皇太后、孝謙天皇などが登壇受戒した。戒壇院は、その後、いまの位置に移されたが、現在のものは江戸時代の再建で堂内に四天王が安置されている。

東大寺は、治承《じしょう》四年（一一八〇）、平家の兵火によって南都が炎上したとき、興福寺とともに焼失した。東大寺の再建は、国家的事業として行われたがなかなか進展しなかった。ようやく俊乗坊重源《ちょうげん》の諸国勧進によって大仏の開眼供養が行われたのは文治元年（一一八五）である。大仏殿の落慶《らっけい》供養は焼失から十五年後の建久六年（一一九五）のことである。その後、永禄十年（一五六七）の兵火により大仏殿は焼失、大仏は破損したが、元禄五年（一六九二）に大仏修理、宝永六年（一七〇九）に大仏殿再建が行われた。

奈良公園のルーツ、春日大社から興福寺へ

「伊勢大和回り」の、最初の地は春日山のあたりである。東大寺に並んで春日大社が鎮座している。

『大和名所図会』に、「春日大宮四社大明神　三笠山の麓に御鎮坐あり。帝都より行程十一里。延喜式神名帳に曰く、春日祭神四座」と記されている。さらに、「春日山に御笠山とてひき下りて小さき山に、春日の社おはします」とある。春日山は、仁明天皇の御代に「春日大神の神山の内にして狩猟伐木の事、当国の郡司におほせて禁制したまふ」という。

祭神は、『大和名所図会』によると次のようになる。

東第一の神殿は、武甕槌神《たけみかずちのかみ》を祭る。初《はじめ》は陸奥国塩竈浦《むつのくにしおがまうら》に天降り、常陸国鹿嶋《ひたちのくにかしま》に顕れて、鷹生《こもう》の中山に遷った。神護景雲《しんごけいうん》二年〔七六八〕正月、大和国安部山《あべやま》に遷り、同年十一月、三笠山に遷座された。

第二の神殿は経津主命《ふつぬしのみこと》。出雲国五十田狭《いそたさ》の小汀《おはま》に天降った。下総国香取明神《しもふさのくにかとりみょうじん》が是

である。神護景雲二年に三笠山に遷座した。

第三の神殿は、天児屋根命《あめのこやねのみこと》。中臣《なかとみ》祖神である。孝徳天皇四年〔六四八〕十一月、三神に先立ち河内国平岡〔枚岡《ひらおか》〕の祭神である。三笠山に遷った。

第四の神殿は姫太神《ひめおおんがみ》。伊勢国五十鈴川《いすずかわ》の内宮、天照太神《あまてらすおおみかみ》である。一説にその分神ともいわれる。

いずれの神も各地から勧請した藤原氏の奉祭する神である。鹿島神、香取神は、天照大神に並んで朝廷の信仰篤い国家鎮護の神である。天児屋根命は、中臣すなわち藤原氏の祖神である。

春日四祭神への信仰は、春日社の創建と前後して興り、もともと、藤原氏による氏神信仰に始まる。平安京遷都後、藤原氏が天皇家の外戚として、摂関家としての地位を向上させるにともなって、天皇の春日行幸も行われるようになった。そして、平安末期には、伊勢、石清水とともに三社と称され、国家祭祀を司る高い社格を有するようになった。

春日大社の「おん祭」と呼ばれる「若宮祭」が毎年十二月十七日を中心に行われる。平安時代の保延《ほうえん》二年(一一三六)に始まったとされる祭祀で、春日大社の摂社・若宮神社の例祭である。飢饉《ききん》や疫病が盛んに生じたために、天下泰平・万人豊楽《ぶらく》を祈願して種々の芸能を奉納し、御霊を慰撫《いぶ》することを目的とした神事であるとみられている。

春日大社に並んで藤原氏の信仰の篤かったのは興福寺である。『大和名所図会』に、大峯門、中金堂、東金堂、本尊釈迦仏、南円堂、北円堂、大講堂、五重塔などの寺観が記されている。

これらの興福寺の堂塔伽藍の大半は、明治の神仏分離によって破棄された。その後、興福寺の僧は還俗して春日大社に出仕した。そして明治十三年(一八八〇)、当時官有地になっていた興福寺の旧境内地と春日野の一部が公園として指定された。これが近代奈良の観光の中心地である奈良公園の始まりである。

長谷寺と女性の信仰

伊勢大和回りの道で、奈良の東部につながるのが、六軒屋から西に進む経路である。

内宮→外宮→山田→松坂→六軒屋→垣内《かいと》→名張→榛原《はいばら》→長谷→三輪→帯解《おびとけ》→奈良

この経路は「伊勢路」とある。山田から六軒屋まで六里、六軒屋から奈良まで二十五里の道のり。大和の中央部の平地を横断し、東は伊勢に、西は二上山麓につながる古代からの重要な道で、平安時代に盛んであった長谷寺参詣の「初瀬街道」である。これが、江戸時代には伊勢参宮の「伊勢街道」となった。

長谷へは山田より西にとる経路もある。榛原で六軒屋からの道と合流する。

これらは、伊勢から奈良に至るまでの間に長谷と三輪を通る。天神山、初瀬山、巻向山などの裾野を初瀬川に沿って行く道である。

牡丹《ぼたん》で知られる長谷寺は、初瀬の入り口にある。『大和名所図会』によると、元正《げんしょう》天皇の養老五年（七二一）の草創とも、文武天皇の御時、徳道上人《とくどう》が造立したともいう。本堂は八棟造り、本尊の十一面観音の長《たけ》一丈六尺。麓より上まで瓦葺《かわらぶ》きの長廊があり、その屋根の下に石の階段がある。諸堂へ登る道である。山上に坊舎・学寮が多い。

長谷寺は、平安時代の女性の信仰を集めた。

『蜻蛉日記《かげろう》』の作者藤原道綱《ふじわらのみちつな》の母は、年来の心願があり、安和《あんな》元年（九六八）九月、長谷寺に詣でる。九条河原の法性寺から宇治の院に行き、その日は泉川を渡って泊まり、翌日、椿市《つばいち》に泊まる。それより発って初瀬の御堂に参っている。

『更級日記《さらしな》』の作者菅原孝標《すがわらのたかすえ》の女《むすめ》は、永承《えいしょう》元年（一〇四六）十月二十五日、初瀬詣でのために精進をして出発。九条を経て宇治の渡りに着く。翌日、東大寺に寄って拝み奉り、山辺の寺に泊まる。あくる日、初瀬川を過ぎて、その夜、御寺に詣で着く。祓えなどして三日の間、参籠する。

また、紫式部の『源氏物語』は、筑紫で憂き目をみて都に逃げ帰った玉鬘《たまかずら》が、石清水八幡宮と初瀬の寺に参詣する。九条の宿から初瀬へは徒歩で行く。ようやく椿市に行き着いた。その宿で玉鬘は光源氏の女房の右近《うこん》と遭遇する。そして、参詣者が一晩中念仏している御堂で、右近は玉鬘を近くに移して共に仏を拝む。玉鬘は、その後都の光源氏のもとに身を寄せることになる。霊験あらたかな初瀬の観音が験《しるし》をあらわし給《たま》ったのである。

長谷寺は、伊勢参宮の道中では、西国三十三ヶ所観音霊場第八番札所である。

長谷から西に行くと三輪山の麓に沿って北に延びる上街道（古くは上ツ道）と合流する。その手前が桜井である。近くに安倍文殊院がある。大化の改新で活躍した安倍倉梯麻呂《あべのくらはしまろ》が築いた一族の菩提寺が前身だ。現在の本堂は寛文五年（一六六五）の再建である。堂内には日本最大の文殊菩薩像が安置されている。

「神々の原郷」三輪の神体山

三輪山の麓から石上《いそのかみ》神社を経て奈良山に至る道は、「山辺の道」と呼ばれている。詳しいことは専門家に譲るとして、「山辺の道」は、「上ツ道」に並行して走る最古の道といわれる。この道沿いにはいくつかの古社がある。

その最大の神社が『延喜式』の「神名帳」に載せられた「大神大物主神社《おおみわのおおものぬし》」。わが国最古の神社といわれる、現在の「大神《おおみわ》神社」である。この神社には神殿がない。もともとは、拝殿もなかった。一ノ鳥居、二ノ鳥居、三ツ鳥居が建てられているだけである。

特に、三ツ鳥居（三輪鳥居）は、拝殿と、禁足地（神体山のうち特に神秘な場所）とを区切る。明神型の鳥居三つを一つに組み合わせた鳥居は、「古来、一社の神秘なり」と記されている。

大神神社のように、山を神体として拝する神社は、明治以前まで各地にあった。しかし、明治の政府は、神の鎮座する本殿の造営を推進した。その結果、神体山でありながら、多くの神社が本殿を新たに造営した。

そのなかで、大神神社は、古代の神祀りを守っている。拝殿も、第四代将軍徳川家綱による寛文《かんぶん》四年（一六六四）の造営である。拝殿の三ツ鳥居と瑞垣《みずがき》が、神体である三輪山との境界である。神域の磐座《いわくら》は宮司も入ることが許されない禁足地であるといわれる。

神々は山や森に鎮まる。そして、山そのものが神として祀られている。「神体山」と呼ばれる。神体山には二種類がある。一つは、富士山や浅間山、白山、赤城山などのひときわ高い火山型の円錐形の山岳である。浅間型と呼ばれることが多い。

これらの山は、麓の里宮から仰いで拝むのが原則である。浅間型の山に信仰のための登山が始まるのは修験道以後のことである。

もう一つが三輪山に代表される神奈備《かんなび》型である。「三諸《みもろ》の神奈備」とか「神奈備の三諸」とか呼ばれる山である。「神奈備」は、神が隠れ籠る山の意で、神聖な山や森を指す。神の坐す山である。

宮都の四周や集落の近傍にあり、人里に近い比較的低い山である。笠を置いたようななだらかな山でありながら、周囲の山とは明らかに区別されるような姿である。全山が緑の樹木に覆われていることが特徴。山麓に社殿が造られていることが多いのも特色である。『大和名所図会』は三輪山について、「一名三諸山。又神並山《かみなみやま》といふ。三輪町のひがしにあり」といい、「三室とは神のやしろなり」と記している。

三輪山は、奈良盆地の東南部、初瀬川と巻向川に挟まれた中央に位置する。三輪山や香具山の麓の、磯城、磐余、初瀬、纏向などの地域が元来の「倭」であるといわれる。その祭祀の中心地が三輪山である。

森は杜、神社である

『万葉集』では、「森」「杜」を「モリ」と訓《よ》み、「社」「神社」も同じように「モリ」と訓んでいる。「木綿《ゆう》掛けて斎《いわ》ふこの神社《もり》」(一三七八)、「名に負へる社《もり》」(一七五二)などである。樹木の茂る森を意味する「モリ」という語は、社や神社を表す「モリ」にも用いられるのである。「木綿掛けて斎ふ」というのは、楮《こうぞ》の樹皮で作った神具である「木綿」を掛けて斎う、神祀りの古式である。

神の宿る山や森は、俗界とは神の籬《まがき》で隔てられた清浄な神域である。「木綿掛けて祭る三諸の神さびて」（一三七七）という万葉歌にあるように、「三諸」は、森厳で神々しい緑の森、神の聖なる領域の「神籬《ひもろぎ》」である。そのような神域が三諸の山である。「三諸」は、「御室《みむろ》」であり、神の坐す所を意味する。

三諸の　その山並に　児らが手を　巻向山は　継ぎのよろしも　（一〇九三）
我が衣　色どり染めむ　味酒《うまさけ》　三室の山は　黄葉《もみち》しにけり　（一〇九四）
三諸つく　三輪山見れば　こもりくの
泊瀬《はつせ》の檜原《ひばら》　思ほゆるかも　（一〇九五）

「味酒」は三諸の枕詞。歌の意味はこうである。「三輪山に巻向山は並び具合がよい」「三輪山の紅葉し始めた色で衣を染めたい」「神の坐す所と崇める三輪山を見れば泊瀬の檜の茂る原を思い浮かべる」。

これらの歌は、神の祭所である三輪山を眺め見て詠んだもの。眼前の風景は神のものである。

味酒　三輪の山　あをによし　奈良の山の　山の際《ま》に　い隠るまで　道の隈《くま》い積もるまでに　つばらにも　見つつ行かむを　しばしばも　見放《みさ》けむ山を心なく　雲の　隠さふべしや　（一七）

額田王《ぬかたのおおきみ》が近江に下るとき、井戸王《いのへのおおきみ》の作った歌である。天智天皇が都を大和から近江に遷したときの歌といわれている。

額田王にとって三輪山は大和の神々の鎮まる地である。単なる風景ではない。山との別れは神との別れである。

最古の神社と神々の鎮まる聖地

先に述べたように、本来、神体山には神殿はなかった。神が鎮まる磐座や神籬が造られていただけである。

神籬は瑞籬《みずがき》ともいう。神の鎮まる聖域を区切る境界である。磐座は、岩の台座であり祭祀の壇となる。その周囲に標縄《しめなわ》を張って斎《いつき》の庭とした。

大神神社は、「奥津磐座《おきついわくら》」に「大物主大神《おおものぬしのおおかみ》」、「中津磐座《なかついわくら》」に「大己貴命《おおなむちのみこと》」、「辺津磐座《へついわくら》」に「少彦名命《すくなひこなのみこと》」が祀られている。そして、一ノ鳥居から二ノ鳥居、三ツ鳥居と進み、御神体である三輪山そのものを拝する古式が行われている。

『日本書紀』によると、崇神天皇の御代、疾疫が流行して、民が死に絶えそうになり国が乱れた。天皇は、朝廷に善政がないために、天神《あまつかみ》と地祇《くにつかみ》の咎《とが》めを受けたのではないかと考え、神浅茅原《かむあさじはら》に八十万《やそよろず》の神々を集めて災厄の原因を卜った。

そのとき、「倭迹迹日百襲姫命《やまとととひももそひめのみこと》」に憑《つ》いて、「我を敬い祭れば必ず天下は平穏になるだろう」といわれる神があった。名を問うと、「倭の国」の域内にいる神、名を「大物主神」

という答えられた。

天皇は大物主大神を祀ったが験がなかった。沐浴斎戒し、殿を清浄にして天皇が祈ると、夢に貴人が現れて、わが児の「大田田根子《おおたたねこ》」に吾を祀らせたならば、立ちどころに天下太平になるだろうという神のお告げをした。

大物主大神は、「オオ・モノ・ヌシ」である。「モノ」は「魂魄」であり、「霊威」であり、「鬼神」である。大物主大神は、霊威の極めて強い神という神名である。「祟《たた》り神」としての神格を有する。疫病の流行は、大神の神威の顕れであり、それを祀り鎮めることを求める神意の表明である。

天皇が大田田根子を探し出して祭主として大神を祀り、八十万の諸神を祀ったところ、はじめて疫病が息《や》んだ。国内は平静となり、五穀もすっかり稔って百姓《おおみたから》も豊饒になった。猛威をふるう大物主大神を鎮め祀り、その神恩による国土の平安と豊饒を祈願する。これが大神神社の祭祀の起源である。

神々の「和魂《にぎみたま》」と「荒魂《あらみたま》」

崇神天皇は、大田田根子に大神を祀らせた翌年、大神の掌酒《さかびと》を任命して神酒を献じさせた。いまも酒の神として尊崇されている三輪山の大神が、酒造りの神であることは遺蹟からみて明らかである。

此の神酒《みき》は　我が神酒ならず　倭成す　大物主の　醸《か》みし神酒　幾久《いくひさ》　幾久

この歌の意味は、「この神酒は、私が醸造した神酒ではない、倭を成した大物主の醸造された神酒である」ということである。「倭成す」という表現の意味することが重要である。大物主大神は、「倭」を成した国造りの神であると称《たた》えるのである。三輪の大物主大神は、倭に坐す国つ神であるといえよう。「祟り神」を鎮めて国土の「護《まも》り神」として祀る。これは、わが国における「国つ神」を祭祀する根本をなすものである。

大神神社の北、狭井《さい》のほとりに摂社の狭井神社がある。『延喜式』の「神名帳」には

「狭井坐大神荒魂神社五座《さいにいますおおかみあらみたま》」と載せられている。元来は、清らかな湧き水が満ちあふれる聖域であり、その霊威を神格化した「狭井の神」が祀られていたと思われる。

その神が大物主大神と関係することによって、狭井神社が大神の「荒魂《あらみたま》」を祀る社とされ、大神神社が「和魂《にぎみたま》」を祀る社とされたのである。

「荒魂」と「和魂」とは、神々のもつ二面性である。荒々しい魂と和やかな魂であり、神体から顕れ出る魂と神体に付き添う魂である。大物主大神についていえば、疫病を蔓延《まんえん》させる「祟る神」と、国土を繁栄させる「護る神」との両面である。「荒魂」を慰撫し「和魂」として振興することが霊威の活性化である。

わが国の神社の多くは、「荒魂」を鎮めた「和魂」を本殿の祭神とする。また、各地の「御霊神社」は「祟る霊」を鎮め祀りて「護る神」へと転換させる祭祀を行う。このことは、神々の神格と霊威の根幹をなすものである。それは、わが国の祖廟である伊勢の神宮が、祭神天照大神の「和魂」を祀る「御正宮《ごしょうぐう》」と、「荒魂」を祀る「荒祭宮《あらまつりのみや》」を奉斎していることにも明らかである。

三輪山周辺には、大神神社を中心として古代からの祭祀が営まれた聖地がある。その一つが、石上神宮である。伊勢参宮の折は、帯解寺《おびとけでら》を経てこの社に参った。帯解寺は、文徳天皇が皇后の安産を感謝して造立した、地蔵菩薩を安置する寺である。

石上神宮は、『延喜式』には「石上坐布都御魂神社《いそのかみにいますふつのみたま》」とある。神剣布都御魂を祀る。それは常陸国鹿島神宮のものと同体の十握剣《とつかのつるぎ》である。御鎮座は崇神天皇の御代である。拝殿は永保《えいほう》元年（一〇八一）に皇居の神嘉殿を遷したものという。その背後に石の瑞垣を巡らせた禁足地がある。

「斑鳩《いかるが》の里」「西の京」の七堂伽藍

三輪の西、大和盆地の川を集める大和川の北にある矢田丘陵東南麓に斑鳩の地がある。伊勢からの道のりは次の経路である。

長谷→三輪→八木→高田→当麻→龍田→法隆寺→郡山→西の京→西大寺

斑鳩は法隆寺の地である。法隆寺は、世界最古の木造建築として、わが国最初の世界遺産として登録された。

この地はもと斑鳩の里といったが、聖徳太子が宮室を営んで居住していたので斑鳩宮と称した。そこに法隆寺の伽藍が甍《いらか》を競っている。法隆寺伽藍は西院と東院とに分かれる。西院は、法隆寺式と呼ばれる伽藍配置で、中門と回廊に囲まれた空間に、金堂と五重塔が東西に並んでたたずむ。その北、中央に大講堂を構え、そして、本来は回廊の外に鐘楼、経蔵が向きあう。

さらに東院は夢殿《ゆめどの》を中心として一廓をなしている。

金堂の創建時期は定かでないが、法隆寺ではもっとも古い建物といわれる。用明《ようめい》天皇が病に罹《かか》り、平癒祈願のため仏寺を建て、薬師像を作ることを図ったが、五八七年崩御したので、推古天皇と聖徳太子は遺詔を奉じて法隆寺を創建した。

金堂薬師如来の光背《こうはい》の銘文によると、推古天皇と聖徳太子が六〇七年にこの像を造立したと刻まれている。

『日本書紀』によるとこの創建法隆寺は、太子の死後、天智天皇九年（六七〇）に焼失したという。法隆寺をめぐって再建説と非再建説とが長年にわたって議論されてきたが、今日、再建説に落ち着きつつある。いずれにしろ、法隆寺は千四百年の時を超えて斑鳩の地に聖徳太子の教えを伝えている。

中宮寺《ちゅうぐうじ》は、法隆寺や四天王寺とともに聖徳太子の創建された七寺の一つである。中宮寺は法隆寺の東北隣にある。斑鳩尼寺《いかるがにじ》と称し、聖徳太子の母穴穂部間人《あなほべのはしひと》の宮を寺に改めたと伝えられる。弥勒菩薩半跏《はんか》像と天寿国曼荼羅繍帳《しゅうちょう》はいずれも国宝である。

これらの聖徳太子ゆかりの斑鳩の古寺の他に、この経路には、当麻寺《たいまでら》があり、薬師寺、唐招提寺、西大寺などの伽藍・堂塔があり、伊勢参宮にあわせて参詣した。

「伊勢大和回り」は、長谷から桜井を経て多武峰《とうのみね》、吉野に至る経路がある。さらに、高野山を経て大坂に至る経路に続いている。あるいは、津、関を経て、大津、京に至る道がある。

これらの道のように、「伊勢大和回り」において、奈良は、江戸時代に盛んになった伊勢参宮と吉野・高野・大坂と京の社寺巡拝の旅の中継地の役割を果たしていた。青垣の山々と、そこに鎮座する神社や寺院が、自然と歴史とを一体化させた古京の風景をつくりだしているからである。それは今日も「文化の原点」「精神の原郷」として私たちを惹き付けている。

京都は、四神の鎮まる山河麗しき古都

京都は、平安京遷都の詔《みことのり》に、「山川も麗し」と讃美された「山河襟帯《さんがきんたい》、自然に城を作《な》す」形勝の地である。山城の国は、山河が巡り囲んで、自ずから城となっている。長岡京から遷された新しい都の風景である。それは平安京の理想の境地である。都の営まれる大宮の地は四周の山河の体勢によって卜定された。東山をはじめ、三方を山々に囲まれ、東西に鴨川、桂川が流れている。そして、宇治川や木津川、淀川の両岸に山並みを望む自然環境に恵まれた地である。

都と四周の山河の間に広がる聖なる空間を、郊野《こうや》という。中国の都城はその四周に郊野を有していた。郊野は祭祀と行事の催される特別の地であり、中国の古典『礼記《らいき》』にいう、特別に選ばれた「山林川沢」「山川百源」「淵沢井泉《えんたくせいせん》」「林麓川沢《りんろくせんたく》」などの地である。

天子は、郊野で祭祀や巡狩《じゅんしゅ》を行った。立春の日は東郊、立夏の日は南郊、立秋の日は西郊、立冬の日は北郊において四時の祭祀を行う。

四郊は四神がとどまるところである。東の郊野には青龍、南の郊野には朱雀、西の郊野には白虎、北の郊野には玄武が固める。そのうち東方の青龍と西方の白虎は祥瑞《しょうずい》を、南方の朱雀と北方の玄武は陰陽を律するとされている。

また、東方の青龍は春、西方の白虎は秋、南方の朱雀は夏、北方の玄武は冬というように、四神は四季に配される。そのような四神は、天地の秩序と四季の運行を統括した。

東山、西山、北山の社寺の景観と文化

平安京遷都の翌年正月、宮中において宴《うたげ》が催され、新京を言祝《ことほ》ぐ踏歌《とうか》が行われた。それに、「郊野道平らかに、千里を望む、山河美を擅《ほしいまま》にして、四周連る」と謡われている。「新しく成った都の郊野は、道が平らかに通じて、一望千里に開けている。山河は美をほしいままにして、四方にめぐり連なる」と、平安京を讃美しながら足を踏みならしながら歌う、祝いの行事である。

郊野では神事や仏事、狩猟や遊宴などさまざまな行事が催された。歴史都市であり宗教都市である京都の山河には、時代を経た郊野が四方にある。そこには名所旧蹟が集積して

いる。そして、多数の由緒ある神社や各宗派の本山、寺院がある。そこでは長い年月にわたって、さまざまな伝統的な宗教行事が催されてきた。

とりわけ、東山には古寺や古社が集中している。また、西山や北山などにも寺院や神社などが多数存在している。

また京都には、東山の桜、嵯峨野の紅葉など四季折々の遊楽の地がある。これら京都の景勝の地に、東山、北山の禅文化、茶道や華道など数多くの有形無形の文化が伝えられている。その精神的文化的な基盤は古代よりの神道や仏教などである。

京都は四周の山森林叢によって保たれた清冽《せいれつ》な地下伏流水が豊富で、洛中洛外《らくちゅうらくがい》の名水名井の周辺は湧水景観がつくられている。そして、社寺の庭園をはじめとする名所旧蹟も清水を囲むように多く残されている。

都は四周に「郊野」を備えることによって都たりうる。このことを今日の都市は見失っているのではないだろうか。

賀茂の両社と葵祭

京都の山河は神々の坐《いま》す聖地。この地には、平安京遷都以前からの古社が多く鎮座している。賀茂の御祖《みおや》神社と別雷《わけいかずち》神社の両社がその第一である。

賀茂神社は、東の京極の外、鴨川の東岸に鎮座する。大和賀茂氏に関係の深い氏神であり、賀茂郷の産土《うぶすな》神。平安京遷都以前から鎮座する古社であり、それが平安京遷都の後、宮都の鎮護の神とされたのである。

賀茂神社は天武天皇の白鳳《はくほう》六年（六七七）二月の造営とされる（『二十二社註式』）。そして、長岡京遷都にあたり、延暦三年（七八四）十一月、使いを遣り、賀茂下上二社を修理した（『続日本紀』）。

下社の祭神は玉依姫《たまよりひめ》、賀茂建角身命《かもたけつぬみのみこと》。上社の祭神は賀茂別雷命。

賀茂の両社の最大の祭礼は、葵祭《あおいまつり》といわれる賀茂祭である。陰暦四月の中の酉《とり》の日（現在は五月十五日）に行われる葵祭は、朝廷をあげての盛事であり、宮中から「賀茂祭使」が派遣される。

賀茂の両社は遷都にあたり、改めて朝廷の崇敬の対象となった。長岡京を継ぐ平安京遷都においても、延暦十二年二月にまず賀茂神社に奉告している。そして、同年三月に伊勢大神宮に遷都が奉告された。国家鎮護の伊勢大神宮に並んで、賀茂神社は宮都鎮護の神として確立されたのである。

弘仁《こうにん》元年（八一〇）には、嵯峨天皇の有智子《うちこ》内親王が賀茂神社の斎王《さいおう》として卜定された。これより、歴代天皇の即位と同時に二人の皇女が選ばれた。一人は伊勢斎宮、一人は賀茂斎王である。いずれも神の御杖代《みつえしろ》として、御代の最初から、その天皇の一代の間奉仕する。斎王は、四月中の酉の日、賀茂祭の日に賀茂神社に参り神事に従う。賀茂祭の御阿礼《みあれ》の日は、勅使一行が斎院に至り、斎王に供奉《ぐぶ》し、まず下社に参向し、次に上社に参向する。雌雄に掛けあわせた葵の葉を社前、車簾に飾り、衣冠に挿《さ》す。葵祭と呼ぶのはこのことによる。

賀茂祭は、社伝によると、欽明《きんめい》天皇の御世《みよ》に始まるとされている。当時、天下、国こぞりて風吹き雨が降った。そのとき、朝廷は卜部伊吉若日子《うらべのいきわかひこ》に勅して卜わせたところ、賀茂の大神の祟りであるという。そこで、四月の吉日を選び馬に鈴を掛け、人は猪頭《いのがしら》を付けて「馬を乗り回して」祭祀をし祈禱した。これによって五穀が成熟し、天下豊年になった。乗馬の行事がここに始まったのである。

勅祭賀茂祭、いわゆる京都の三大祭の一つである「葵祭」の大祭の前、五月十二日、神山石座と本殿とを結ぶ線上において「御阿礼神事」が斎行される。神の降臨である。古来、秘儀とされた。

五月十五日の大祭は、勅使を迎えて、祭文奏上、牽馬《ひきうま》、東遊《あずまあそ》びなどの社頭《しやとう》の儀が行われる。その後、走馬の儀が行われる。斎王の制は後鳥羽院の御代に廃絶し、今日は斎王代の行列が奉仕している。

このような平安王朝の雅《みやび》が、京都の賀茂両神社と石清水八幡宮などの由緒ある古社の神事に受け継がれている。

京都の「神仏霊場」は、このような由緒ある神社や、東山を借景とする寺院、桂川河畔の名刹などを巡拝する。これらの神社や寺院には平安から室町、江戸にかけての歴史が凝縮されている。その道を歩き、神社や寺院の儀式や行事に参列することで、よりいっそう日本文化を奥深く体験できるのである。

京都文化と東山の意味

京都の山河は神と仏の聖地であるが、ことに中国の霊峰嵩山《すうざん》三十六峰にならった東山三十六峰は神や仏の坐す聖地である。

「布団着て寝たる姿や東山」。芭蕉の弟子嵐雪《らんせつ》のこの句ほど、東山の山容を的確にいい表す言葉はない。この場合、寝ているのは当然女性であろう。円味を帯びたなだらかな曲線は、まさに女性の寝姿を想わせる。

よく、京の美はやさしさであり、やわらかさであり、まろやかさであるといわれるが、こうした美意識は、東山の山並みがいつも目に映る京の風土があればこそ育まれたものではないだろうか。京で生まれた日本文化の代表である平仮名や倭絵《やまとえ》の円味のある美しさも、こうした山並みから連想すれば納得できよう。その意味で、日本文化そのものが東山に端を発しているといえる。

ところで、一口に東山といっても、どこからどこまでを指すかについては諸説がある。嵐雪の句の場合、山容から考えて、おそらくは粟田山から鳥辺山までを対象としたのであろう。

実際、昭和三十年代までは京の町にも高い建物がほとんどなく、それらは町中から手の届くほど間近に望めたものである。もともと平安時代は、延暦寺の寺域が円山あたりまで及んでいたことから、少なくとも粟田口までは比叡山の続きとみられていたと思われる。したがって、東山は、やはり嵐雪の句からイメージされる範囲を出なかったであろう。

その後、室町時代になると、足利義政が開いた山荘が東山殿と呼ばれ、また、泉涌寺《せんにゅうじ》大門に室町末期の作と伝わる「東山」の扁額《へんがく》が掛かることから、東山は泉涌寺まで拡大されていたらしい。やがて江戸時代後期には、「東山三十六峰」という言葉が生まれ、如意ヶ岳から稲荷山、あるいは比叡山から稲荷山までを含めるようになった。

もっとも、現代の我々からみても比叡山が東山といわれると首を傾げたくなるが、三十六峰を数えようとすれば比叡山まで含めないと峰数が足りないらしい。

こうしたことから、ここではもっとも範囲の広い比叡山から稲荷山までを東山とするが、この山並みには、実に多くの史蹟が存在する。しかも、そのほとんどが大社・名刹である。また、きまったように山際に位置し、それらが連なるように立地している。

今日、東山の近辺にある神社や寺院をあげれば、延暦寺・曼殊院・慈照寺・真如堂・吉田神社・聖護院・平安神宮・青蓮院・八坂神社・清水寺・六波羅蜜寺・泉涌寺・今熊野・妙法院・三十三間堂・智積院・毘沙門堂・醍醐寺・伏見稲荷大社などがある。

東山は、その山容とあわせ、京都の文化ひいては日本の文化にとって重要な意味をもっていると考えられる。

東山は中国の三十六峰と同じように山水の境である。山と水、その風景である。山林、滝水、池泉、木草、あるいは山風、鳥の声、いずれも山水の景ならざるものはない。世塵《せじん》を離れる澄明な境地である。

この東山に、神と仏が同座する風景の一つの典型を私はみる。延暦寺と清水寺である。

東山と比叡山の神仏

京都と滋賀の境にそびえる比叡山は、南端は如意ヶ岳に始まり、主峰の大比叡ヶ岳と次峰の四明ヶ岳、それに釈迦ヶ岳、三石岳、水井山が連なっている。

比叡の名は、すでに『古事記』に「日枝《ひえ》」として記されている。

この地に最澄が登ったのは、延暦四年（七八五）のことである。『伝教大師伝《でんぎょうだいしでん》』に、おおよそ次のように記されている。

延暦四年をもって、世間の無常にして栄衰の限りあるを観じ、正法おとろえて、人間に救いなきを嘆き、心に誓願をこめて、身を山林にのがれんとし、その年の七月中旬、繁華の所を出離し、寂静の地をたずね求め、ただちに叡山に登りて、草庵に居す。

最澄がはじめて草庵を営み、薬師如来像を小堂に安置したのは、いまの根本中堂《こんぽんちゅうどう》（一《いち》乗止観院《じょうしかんいん》）のあたりとされる。

『都名所図会』は「比叡山延暦寺一乗止観院は本朝五岳のその一つにして、王城鬼門に当れば艮峰《こんぽう》とも号す」と記している。そして、はじめは「日枝の山」と書いたが、桓武天皇の御代の延暦年中に伝教大師と天皇の考えが一致して、帝都鎮護として根本中堂を建営《こんえい》し給うことによって比叡山と改められたと述べている。

現在、延暦寺の堂塔伽藍は三塔十六谷と呼ばれて、根本中堂のある東塔、転法輪堂を中心とした西塔、横川《よかわ》中堂がある横川の三大地域に、古杉に囲まれるように配置されている。比叡山では、この東塔、西塔、横川の十六谷を巡ることを三塔巡拝と呼んでいる。『法華経』の説く「草木成仏」の思想がそこに流れている。

そして、日枝の山には、比叡山延暦寺を守護する神々が鎮座する。日吉大社である。『古事記』に記された「大山咋神《おおやまくいのかみ》」が祭神（東本宮）である。「またの名は山末之大主の神。この神は近淡海国《ちかつおうみのくに》日枝の山に坐し、また葛野の松尾に坐して、鳴鏑《なりかぶら》を用《も》つ神ぞ」と書かれている。この神は、もともとこの地域で祀られていた地主神である。「大山咋神」は「鳴鏑」を用いるとあるように雷と関係する神で、洛西《らくせい》の松尾社とともに賀茂社にもかかわりがあるとみられる。農耕や暮らしに不可欠な水や樹木を供給してくれる、山の神である。

この神の坐す「日枝山」は、日吉社の背後にある「八王子山」（牛尾山）を指すと考えられてきた。里から見ると三角錐《さんかくすい》の山容の「神体山」である。山頂付近に「金大巌《こがねのおおいわ》」と呼ばれる磐座がある。

日吉社の「山王祭」の起源によると、天智天皇が大津京遷都に際して大和国の大神神社の「大己貴神《おおなむちのかみ》」を勧請して、神勅により唐崎の東方の勝地に宝殿を造り崇め奉った。伝教大師最澄は日吉神を崇め、天台の教えを護る神として中国天台山の守護神にならって「山王」の神号を命名されたといわれる。

日吉の神々は、延暦寺の護法神として幅広い信仰を受けた。そして、日吉神に祈りを捧げ拝するために図像が描かれた。「日吉山王曼荼羅図《ひよしさんのうまんだらず》」である。この「曼荼羅図」は天台宗とともに全国に流布していったとみられている。

その図は、八王子山を中心に山上と麓にある社頭の自然や風景を描き、社域の橋や高欄《こうらん》など特徴ある点景や春秋の緑樹や紅葉などの趣を背景にして社殿を描いている。そして、上部に山王二十二社の各本地仏や垂迹《すいじゃく》の神影像を配し、特定の仏諸尊を表す種子《しゅじ》（梵字《ぼんじ》）を一列に描いている。「宮曼荼羅」と呼ばれる多様な形式によって神と仏が同座する図像が構成された曼荼羅である。

この曼荼羅の描かれた中世時代は、神と仏を一体のものと考え、仏が権《かり》の姿である神になって人びとを救うという「本地垂迹説《ほんじすいじゃくせつ》」を生みだした。その典型が日吉山王である。

清水寺はなぜ東山にあるのか

人びとの求める美しき山の連なり、清き水の流れ、後の時代にいう「山紫水明」の象徴ともいうべき東山と鴨川のつくりだす風景の中心に、清水寺は建立された。鴨川の対岸、東山の峰は、いわば此岸からすると彼岸である。室町時代後期に作られた『洛中洛外図』は東山一帯を聖地として描いている。

北からまず比叡山がそびえ、続いて祇園社（八坂神社）や時宗の寺坊《じぼう》が集まる円山あたり、さらに清水寺と続いて葬地鳥辺野《とりべの》に至る。また、六波羅蜜寺や珍皇寺《ちんのうじ》が描きこまれ、そこには六道の辻があり「異界」に通じている。

このように、東山は遠くにそびえる比叡山から吉田山を経て鳥辺野に至る、多くの寺院が営まれる霊場である。今日にも千年を超える古社名刹がある。なかでも、都のほぼ中央に位置する五条大路の東方に眺められるのが音羽山清水寺である。

洛東《らくとう》鴨川の対岸、緑濃き東山の峰々は、稜線の向こうに虚空が広がり、山腹には滝水が落ち、裾野には清水の湧く浄域を抱えている。

それは仏道を修行するのにふさわしい清浄の地である。そこは観音浄土に往登すべき人びとの篤い信心の集まるところである。

こうした東山の聖地と洛中を結んでいるのは、五条の橋（現在の松原橋）である。これは清水橋とも呼ばれ、いわば此岸と彼岸の架け橋であった。

音羽山清水寺の起こりは、『清水寺史』によると、次のようである。はじめ宝亀九年（七七八）、大和国《やまとのくに》八多郷《はったのさと》子嶋寺《こじまでら》の住僧報恩《ほうおん》大師の門弟であった賢心が、本尊観音の夢告《むこく》によって寺を出て山背《やましろ》国愛宕へ往き、東山連峰の一つ音羽山から八坂郷の東南に流れ落ちる滝水に巡りあった。

ここで賢心は、観音を念ずる修行者行叡《ぎょうえ》に出会い、草庵で修行することとなる。修行僧行叡は、東国への旅立ちに際し、草庵とともにその前に立つ一木を賢心に委ねて、観音像の制作を遺託する。

その後宝亀十一年（七八〇）、東山に狩りをした坂上田村麿《さかのうえのたむらまろ》が滝の下において賢心に会い、師弟の約を結んだ。時に、田村麿の室三善高子《みよしのたかこ》が病いに罹ったのを賢心が癒した。よって私宅を捨てて賢心に与え、山を穿《うが》ち谷を埋めて仏宇《ぶつう》を造り、観音の像を安置し、賢心の名を改め延鎮としたと伝えられている。

このような清水寺開創の前史の根幹は、音羽の滝水と本尊造像のもととなった一木にある。そのゆえに、東山の峰の一つ音羽山は勝れた観音霊場たりえたといえる。

女人信仰と古典文学のなかの清水寺

清水寺の造営は平安時代初頭から行われ、延暦十七年（七九八）に伽藍が完成し、同時に十一面観音像が安置されたのを嚆矢《こうし》とするとされている。次いで大同二年（八〇七）、寺中の殿閣を建てたが、その材は坂上田村麿が自邸の五間の檜皮葺《ひわだぶき》の建物などを解体、施《せ》入《にゅう》した。このとき、清水寺、または北観音寺と号した。

さらに承和十四年（八四七）、葛井《ふじい》親王によって三重塔が建立されたと伝えられている。この三重塔は、俗に子安《こやす》塔と呼ばれる。

親王の母は田村麿の女《むすめ》春子である。一説には、大同の仏殿建立は、平城天皇が長岡京の紫宸殿《ししんでん》を田村麿に賜い伽藍となさしめたといわれる。これが今日の清水の舞台が寝殿造の結構を有していることの理由とされている。

以上が清水寺の草創縁起の概略である。ここから武人に絶大な支持を得た田村麿信仰や田村麿の室三善高子に代表される平安朝以来の女人信仰が生まれた。

平安時代において、女性の観音信仰が盛んになり、清水寺は祈願のために参籠する寺として多くの信仰を集めている。平安京の東の京極にほど近い音羽山の観音には貴族、庶民を問わず多くの参詣があった。

平安時代の日記や物語の類にもその一端がみえる。

『枕草子』に、「清水などにまゐりて、坂もとのぼるほどに、柴たく香の、いみじうあはれなるこそをかしけれ」とあり、さらに「清水にこもりたりしに」、「十八日に清水に籠りあひたる」と記されている。

『蜻蛉日記』にも「十八日に、清水へ詣づる人に、又しのびてまじりたり。初夜《そや》はててまかづれば、時は子《ね》ばかりなり」とある。また、『更級日記』には、「清水にゐてこもりたり」と記されている。

観音の縁日とされる毎月十八日には、清水寺の堂舎に参籠することがすでに一般化していたとみられる。

『源氏物語』にも清水寺が語られている。五条わたりで垣間《かいま》見た夕顔が急死したのを、東山に葬ろうとするところである。

寺々の初夜もみな行ひ果てて、いとしめやかなり。清水のかたぞ、光多く見え、人のけはひもしげかりける。……川の水に手を洗ひて、清水の観音を念じたてまつりても、すべなく思ひまどふ。（夕顔）

『源氏物語』は平安京の御所や大臣邸などにおける出来事が主要なものであるが、光源氏の母桐壺更衣《きりつぼのこうい》は東山の愛宕《おたぎ》に葬られる。光源氏の物語は、東山に始まるともいえる。そして、物語は都から宇治へと広がりつつ、最後は宇治川に身を投げた浮舟が比叡山横川の僧都に救われるところで終わっている。源氏物語の世界は、東山の南に位置する愛宕から北の比叡山へと結ばれるともいえる。そのように、東山の峰々は人の死と生、苦悩と救済のすべてを包みこむといえよう。

室町時代後期の代表的な歌謡集である『閑吟集《かんぎんしゅう》』には、

面白の花の都や、筆で書くともおよばじ、東には祇園、清水、落ちくる滝の音羽の嵐に、地主の桜はちりぢり。

と謡われている。

清水寺が花の都の名所として諸国の参詣者を集めるようになったのは、江戸時代も中期以降のことである。

文明元年（一四六九）の応仁の乱の兵火で全焼した清水寺は再興されたが、寛永六年（一六二九）に炎上した。伽藍の再建は焼失の直後より徳川家光によって始められた。寛永八年には釈迦堂、それ以降、同九年にかけて、西門、三重塔、阿弥陀堂などが完成し、同十年には本堂の竣工をみた。これらは寺観を旧に復することを基本とし、再建された堂舎の姿は焼失前と異なるものでなかったとみられる。

江戸の人びとの「花の都遊覧」の旅

江戸時代には種々の名所案内記や地誌がしばしば刊行された。その最初と目されるのが、江戸時代前期の明暦四年（一六五八）刊行の『京童《きょうわらべ》』である。京の名所旧蹟を訪ね由来縁起を記し挿絵を付している。

この頃になって、ようやく人びとは名所遊覧の旅に出ることができるようになった。その目的は寺社参詣にある。東山についてみれば、清水、六波羅、豊国、大仏、三十三間、泉涌寺などと並んでいる。

そのような名所案内記で画期的なのが、安永九年（一七八〇）刊行の『都名所図会』である。挿絵に配慮した地誌で、社寺、景物、景観の現況を詳細に描いたもの。洛中洛外を「平安城」「左青龍」「右白虎」「前朱雀」「後玄武」のエリアに分けて、山城国一国を記述しようとする姿勢がみえる。

『都名所図会』の「左青龍」（巻之三）は、稲荷から比叡に至る東山の名所旧蹟を載せている。主な神社と寺院を取り出せば次のようである。

三の峰稲荷大明神のやしろ・東山泉涌寺・新熊野《いまくまの》観音・蓮華王院三十三間堂・智積院・音羽山清水寺・八坂・祇園社・山科毘沙門堂・真正極楽寺真如堂・吉田宮・慈照

寺・御蔭社・大原・比叡山延暦寺・日吉山王社

「左青龍」は、東山の南端に始まり、その北端に至っている。東山の峰々と山麓の寺社を主要な名所とし、若干の旧蹟を付けることによって百余ヶ所の案内記としている。

続く「右白虎」「前朱雀」「後玄武」の社寺の主なものもあげておく。

「右白虎」（巻之四）

愛宕山のやしろ・大覚寺宮・嵯峨野・嵐山・鹿王院・車折社《くるまざき》・太秦広隆寺《うずまさこうりゅうじ》・松尾社・御霊社・大原野・西山善峰寺・離宮八幡宮

「前朱雀」（巻之五）

石清水正八幡宮・城南神のやしろ・上醍醐・伏見・三室戸寺・平等院

「後玄武」（巻之六）

鞍馬寺・今宮の社・北野・天満天神宮・平野社・金閣寺・御室仁和寺・神護寺

『都名所図会』の骨格はここに定まったといえるだろう。花の都の遊覧は寺社の巡拝にある。

この『都名所図会』は、実際の都見物の案内として用いられたばかりではなく、京土産としても重用された。それによって都の地勢や風光のみでなく、寺社の縁起や景観を知ることができた。

そこには、現代のガイド本と同じく、「清水の舞台」や「音羽の滝」の紹介がある。花の都の名所は清水寺を第一、としているのは現代の京都観光と同じである。『都名所図会』は、詳細に清水寺を案内している。「音羽山清水寺の本尊、十一面千手千眼観世音菩薩。脇士は毘沙門天、地蔵菩薩なり」という。

田村丸、延暦二十年に詔をうけて、東夷征伐のとき、この本尊に祈りしかば、観世音、地蔵、毘沙門天かの戦場に現じたまひて、ことごとく退治したまふ。同二十四年に田村丸、太政官符の宣旨を蒙りて堂塔を建立し、勅願所となし、また大同二年紫宸殿をたまひて伽藍となし、観音寺を改めて清水寺と号せり。奥の院の本尊は千手観音の立像なり。
音羽の滝は奥の院の下にあり。滝口三すじ、西のかたへ落ちて、四季増減なし。子安観音は車舎馬止の南にあり。光明皇后、孝謙天皇を泰産したまふとき、天照太神より授かりたまふ一寸八歩の観音なり。いま本尊の腹内にこむる。

次いで寛政十一年（一七九九）刊行の『都林泉名勝図会』に、「音羽山清水寺は洛東の佳境なり」という。そして、

境内成就院の林泉は名庭にして、相阿弥《そうあみ》の作、後に小堀遠州修補ある所なり。振袖の手水鉢、籬島石、烏帽子石は須磨の浦よりここに移す。飛石五つの名石は、加藤清正朝鮮より取り帰りてここに寄付す。湯屋渓《ゆやたに》は秀吉公ここに遊びたまふ時浴室を建てられし古跡なり、今に中門の形遺れり。

などとある。

さらに元治元年（一八六四）刊行の『花洛名勝図会』には、特に、

本堂南向き、檜皮葺にして紫宸殿の建形を模《うつ》せり。前に繋造《かけづく》りあり、世人これを舞台と称す。往々参籠の男女祈願成就不成就を様《ため》さんとてこの舞台より飛び下る事あり、一奇事とす。

と記している。それぞれに、眼目の部分は読者の興味を惹くような記述になっているのは、現代の出版物と同じである。

これらに認められるのは、境内の景観や堂塔伽藍などの寺観であり、付け加えるならば東山から見える都の内外の眺望である。名所遊覧の目的はそこにあった。

都を怨霊《おんりよう》から護るために

平安京の時代になって始まった祭礼がある。怨霊を祀り鎮める「御霊会《ごりようえ》」である。「御霊」とは、非業《ひごう》の最期を遂げ、この世に怨《うら》みを残して死んだものの霊魂であり、その「怨

霊」である。御霊会は、荒ぶる霊魂を鎮撫《ちんぶ》し、その霊威を振興する鎮魂の儀礼である。いいかえれば、「祟る霊」を「護る神」へと転換する祭祀が御霊会である。

このような御霊信仰が平安京に至って生まれるのは、都市型の災異の発生に原因がある。すなわち、疫病の流行である。

人口密度の高い平安京にとって、疫病は最大の脅威であった。さらに、地震・落雷・災火などの天変地異が頻発し、怨霊への畏怖が京中に広まるなかで、廃された皇太子や后妃、あるいは事に座して非業の死を遂げた犠牲者などが御霊として祀り上げられる。それを決定的にしたのが、疫癘《えきれい》の年といわれる貞観《じょうがん》の御代に修された神泉苑《しんせんえん》における御霊会である。

神泉苑は、現在、二条城に苑域を取られて見るかげもないが、もとは左京三条一坊の東側八町を占める平安京最大の苑池である。そこにおいて御霊会が行われた。

『日本三代実録』貞観五年（八六三）五月二十日条に「今兹春《ことし》の初め、咳逆《しわぶき》、疫《えやみ》と成りて、百姓《ひゃくせい》多く斃《たお》れ、朝廷為に祈り、是に至りてすなわちこの会《え》を修す」と記している。

この御霊会は、勅命により、藤原基経《ふじわらのもとつね》と藤原常行《ふじわらのつねゆき》が監督し、王公卿士はみな参列した。

法要には音楽や稚児《ちご》による舞も奉納させ、これを都の人びとにも、見せたという。鎮める御霊は、「崇道天皇《すどうてんのう》・伊予親王《いよしんのう》・藤原夫人《ふじわらのぶにん》・観察使《かんさつし》・橘逸勢《たちばなのはやなり》・文室宮田麻呂《ふんやのみやたまろ》」の六座である。これらの御霊は、『日本三代実録』に「並びに事に坐《つらな》りて誅《つみ》せられて寃魂《えんこん》癘《おに》となる」と載せられている。癘とは祟りなす怨霊である。

ここに詳細にみるゆとりはないが、いずれも、平城京と平安京の朝廷における政争の敗退者たちである。なかでも、崇道天皇については少しふれておきたい。

「崇道天皇」とは、早良親王《さわら》（七五〇〜七八五）に与えられた追称である。親王は、桓武天皇の同母弟である。桓武天皇の即位とともに東宮に立った。皇位を嗣《つ》ぐ皇太弟である。それが延暦四年（七八五）の藤原種継《ふじわらのたねつぐ》暗殺に連座して東宮を廃され、桓武天皇の皇子、安殿《あて》親王が皇太子に立った。そして、早良親王は淡路島へ移送中絶命し、島に葬られた。

その後、桓武天皇の身辺には、皇太后、皇后、皇太子妃帯子の頓逝《とんせい》など、不幸が重なる。さらに、疱瘡《ほうそう》など疫病の流行、干魃《かんばつ》、大雨大洪水などの天変地異も重なった。そのために伊勢大神宮参詣や京都、畿内の主だった社寺での祈禱が頻《しき》りに行われた。

さらに延暦十一年（七九二）、皇太子の久しい病について卜《ぼく》させたところ、早良親王の祟りと判明。それを鎮めるために、使者を淡路島に派遣し、早良親王の霊を拝させた。

延暦十三年（七九四）七月二十二日、長岡京から平安京に都が遷った。平安京遷都の理由の一つに早良親王の怨霊があげられている。

延暦十九年（八〇〇）、詔を発して、皇太子早良親王を崇道天皇と追称し、淡路国に崇道天皇山陵を鎮めた。あわせて廃皇后井上内親王を皇后と追復称、その墓を山陵と称した。

さらに、大同四年（八〇九）、即位直後の嵯峨天皇は高畠陵に使いを遣じて祀り鎮めた。平城天皇の病が山陵の祟りとされたためである。引き続いて、崇道天皇のために百人、伊予親王のために十人、藤原吉子のために二十人を得度。さらに、崇道天皇のために川原寺に法華経一部を写し奉られた。

早良親王の怨霊に対する畏怖が、極めて深刻であったことが伝わってくる。

『大鏡』は「皇太子早良親王は亡くなられて後、贈太上天皇と申して、六十余国に崇め祀られている」と語っている。京都の高野《たかの》に鎮座する崇道神社もその一つである。

早良親王にみられるような廃太子は、孝謙朝から仁明朝に至る約百年間、九代の朝廷に集中している。いずれも皇位継承を巡る緊張がその要因である。

それらの廃太子は、御霊会において慰撫され鎮魂されるだけではなく、祭神として祀られることとなる。臨時の御霊会ではなく、常時、御霊を祀り鎮めようとするほどに、御霊に対する畏怖が広がったといえる。

上御霊《かみごりょう》神社は八所の御霊を祀る。下御霊神社も同じ八所を祀る。本殿八座の鎮座の年月は詳《つまび》らかではないが、社記によれば、桓武天皇の延暦十三年正月、崇道天皇の神霊を現今の社地に祀ったとされる。その後に仁明天皇、清和天皇の両朝に至って、井上皇后と他戸《おさべ》親王、藤原夫人、橘逸勢、文大夫の五所とさらに、火雷神《からいしん》、吉備大臣の神霊とを合祀した。火雷神とは六所の荒魂である。吉備大臣とは吉備真備である。

『御霊神社由緒略記』に、「俗に社号八所御霊又は八所御霊大明神と称へ奉り国家守護。皇居御産土神、都民擁護の崇社として斯に長久に鎮座し給へるなり」と記されている。

これは崇道天皇をはじめとする朝廷の政争の敗退者たちの怨霊が天変地異と結びついて、貴族のみならず平安京の都市住民にまで御霊信仰が広まった結果である。

そうした発生の経緯をもつ御霊会は、当初から都市型の祭礼として華麗な行装と神事芸能を伴っていた。八坂神社の祇園祭の山鉾《やまほこ》巡行の成立が神泉苑の御霊会と関係するとみられることも、夏季の疫病を封じる都市型の祭礼としての性質にかかわっている。

菅原道真が「天神様」になるまで

このような御霊会の成立は、菅原道真（八四五～九〇三）の霊を祀った北野天満宮草創の経緯とつながる。

「北野」は、平安京北郊に位置する「禁野《きんや》」として祭祀と巡狩の行われた地である。禁野というのは、一般の出入りを禁じ朝廷の用のために営まれる地。「京の七野」といわれるもので、北野はその一つである。平城京東郊の御蓋山《みかさやま》が春日大社草創以前から聖なる祭祀地であったのと同じく、北野は、天満宮草創の以前から「天神・雷公」を祀る地であった。では、なぜ菅原道真を北野に祀るに至ったか。それは、まず、その霊が畏怖されたことによっている。

道真の怨霊が文献に初めてみえるのは、延喜二十三年（九二三）三月の皇太子保明《やすあきら》親王の薨去《こうきょ》に関する出来事である。
『日本紀略』は、「天下庶人、悲泣しないものはなかった。その声は雷の如くであった。世を挙げて云う。菅帥霊《かんのそちのれい》の宿忿《しゅくふん》の為す所である」と記している。「菅帥」とは菅原道真のこと。この保明親王の予期せぬ薨去の背後に、菅原道真の怨霊があるというのである。

菅原道真は、宇多天皇の信任を得て、文章博士《もんじょうはかせ》・蔵人頭《くろうどのとう》・参議などを歴任し、醍醐天皇のとき、右大臣となる。しかし、昌泰《しょうたい》四年（九〇一）、醍醐天皇に対する藤原時平《ふじわらのときひら》の讒言《ざんげん》によって、大宰権帥《だざいのごんのそつ》として九州大宰府《だざいふ》に左遷され二年後没した。

道真の死後二十年を経て、悲運のうちに太宰府で逝去したことと保明親王の薨去とが結合する。そのときに至ってなお怨霊が畏れられるのである。

保明親王薨去の翌月には、詔して道真を本官右大臣に復し、正二位が追贈され、昌泰四年の道真左遷の詔書が破棄されている。さらに同年閏《うるう》四月十一日には長雨と疫病のため年号が延長と改められ、天下に大赦《たいしゃ》の令が発せられる。

延長元年（九二三）六月、保明親王息・皇太子慶頼王《よしよりおう》が五歳で死去する。延長三年（九二五）、天然痘《てんねんとう》大流行。延長八年（九三〇）六月、旱天《かんてん》のため請雨を議している清涼殿に落雷、大納言藤原清貫らが死ぬ。その三月後、九月二十二日、天皇譲位、崩御。

正暦《しょうりゃく》四年（九九三）、道真に正一位左大臣追贈、続いて、太政大臣追贈。

このような天変地災をもたらす御霊として、菅原道真の霊は鎮め祀られることとなる。特に、延長八年の落雷は、菅帥霊を天神・雷公と結びつけて説かれるようになった理由であると考えられる。

道真の霊が、北野の地に祀られた経緯については、西京に住んでいた多治比文子《たじひのあやこ》が天慶五年（九四二）に、道真の霊を「北野右近の馬場に祀れ」という託宣を受けたことによる。当初は家のあたりに小祠を建てて祀っていたが、天暦元年（九四七）に、再度、託宣を受け、北野に祠を移したと伝えられている。文子の住んでいたという、右京七条二坊は、現在の下京区天神町にあたり、文子天満宮が鎮座している。

怨霊として祀られた道真が学問の神として信仰されることは、平安末には認められる。それは寛和《かんな》二年（九八六）に慶滋保胤《よししげのやすたね》の願文《がんもん》に「天神をもって文道の祖、詩境の主となすなり」と記されていることでも明らかである。

「エコツーリズムの原型」寺社巡拝と観光

現代において、旅は観光と同義語のようにいわれている。あるいは、旅に使うバスは観光バスであり、旅行代理店は「〇〇観光」という名の会社であったりする。一般的にいえば、観光は名所旧蹟を見物して回ることになるが、神社仏閣巡りもいわゆる「観光旅行」に組み入れられて、ともすれば温泉施設やレジャーランドと同列に扱われたりすることになる。

しかし、ここでは、改めて「観光」という言葉の本来の意味を考えておきたい。「観光」は、中国の『易経』に「国の光を観る。用いて王に賓《ひん》たるに利《よろ》し」とあるように、賢徳の士侯《しこう》が「国の光」すなわち、国家の光輝、国土の繁栄、文化の精粋を観て、王者から重く用いられることを意味する。このように、「観光」は、古くからの山川登臨、寺社巡拝などのように宗教性、精神性の極めて高いものなのである。

ことに、京都には、多数の由緒ある神社や各宗派の本山、寺院がある。そこでは長年、さまざまな伝統的な神事や仏事が催されてきた。そうした神社や寺院の参詣は、仏や神の光のもとで自らの心の深奥を観照する、宗教的意味を有している。本来の「観光」である。

さらにわかりやすくいえば、「観光」とは、国の良いところ、光るところを観ようということであり、そのことによって人間も磨かれる、ということになる。

たとえば幕末期、オランダ国王から徳川幕府に贈られ、勝海舟を生徒監とする長崎海軍伝習所の伝習艦となった蒸気船に「観光丸」がある。この艦名も本来の意味の「観光」から付けられたものだろう。そうして、「観光丸」は、諸藩から集められた伝習生のなかから、多くの俊秀を育てたのである。

京都の古い神社や寺院は、周りの山や森のなか、あるいは川辺や野辺にたたずんでいる。それを四季折々の草や木が彩る。そうした神社や寺院を巡りながら、山々の遠いこだま、谷川のせせらぎ、樹々になびく風の音、木の葉のさやぎに耳を傾ける。そして、山に祈り、川に祈り、滝に祈り、岩に祈る。一本の草や木に祈る。そこに神や仏を感じる。

このような境地は、今日の大衆化されたマス・ツーリズムとは異なり、古くからの山川巡行、社寺巡拝のごとく、人類と自然の調和、天と地の秩序など極めて精神性の高いものであって、現代のエコ・ツーリズムと呼ばれるものの原型といえるものである。

まさに奈良、京都は、古代の都の時代以来、真に「観光」の地であった。そして現代では、わが国のみならず諸外国からも観光客が多数訪れる世界遺産の集積地である。

日本の「聖地巡礼」の緩やかさ

神や仏への旅は、政治や軍事、交易や商用など実用的な旅とは異なる。遊行《ゆぎょう》や漂泊など芸能の旅とも別である。

神や仏への道は、時には川の道を過ぎるが、多くは山の道である。基本的には渓谷と山林の道である。高い山は霊山として崇められ、信仰のための参詣登山が行われる。その道は急峻であればあるほどよい。

平坦な道があるとすれば海辺の道である。それも、海辺から山間に向かって歩くのが神と仏への旅である。さらにいえば、人里離れたところに神と仏の道は続いている。

修験の深山幽谷の聖地巡拝や天台の千日回峰行、あるいは神道の山岳信仰などの厳しさは、この国の風土によるものである。

幽谷辺土の難行苦行の旅。山林郊野の脱俗修行の旅。それらを模範とし、神道や仏道の専従的宗教者の先達指導を受ける巡礼や遍路の旅が行われるようになる。それが、平安時代から鎌倉室町時代に一般化し、江戸時代に至って盛んになった。その契機は「お蔭参り」に代表される伊勢参宮であった。

そして、特徴的なことは、何度も述べてきたように、伊勢参宮者は、伊勢参宮にあわせて他の神社のみならず、西国三十三ヶ所観音霊場などの寺院にも参詣していることである。つまり、それは、神社と寺院を「共に」参詣する旅であり、そこに神仏の区別はない。

一方、ユダヤ教やイスラム教、キリスト教の聖地巡礼の旅は、聖都エルサレムにおいて、それぞれの信徒たちが聖所とするところが互いに異なる。自らの信ずる宗教の認める聖所だけが巡礼の目的である。巡礼者の祈りは、それぞれの信仰する神にのみ捧げられる。絶対的にして超越的な唯一神に対する信仰は、宗教的対立を引き起こすほどであり、その神の姿は徹底的に異なっている。

それに対して、日本における神道や仏教の聖地巡礼は極めて緩やかであることがわかる。それは、聖地が一つであるのか多数であるのか、の相違である。そのことが聖地巡礼に反映している。すなわち、西洋の聖地巡礼は往復型であるのに対して、この国の霊場巡礼は循環型であることを特質とする。

もともと、かの国のキリスト教やユダヤ教の巡礼の意味するところは、わが国の巡礼とは異なる。「巡礼」と訳された原語Peregreには、聖地を「巡る」という意味はなく、宗教的な信仰から聖地を目指して長距離の旅をすることを意味している。

それに対して、わが国の聖地や霊場への巡拝は、目的地に至る往復において、道中の神社や寺院を参拝する道程をとっている。しかも、道中の名所旧蹟の遊覧を旅の目的の一つにしている。

さらにいえば、近世期に盛んとなった巡礼や遍路は、都市周辺の神社や寺院を含んでいるが、基本的には山間や海浜の聖地霊場を巡るものである。それは、神と仏は、風土の育んだ山や森、自然において存在するからである。

天地自然に神と仏は坐す。山林に入り神と仏に出会う。このことは巡礼や遍路が大衆化されても、無視することのできない私たちの宗教的心情ではないだろうか。

おわりに

私は、道を辿ってきた。町や村を結ぶ山間の道や海辺の道である。人びとの踏みしめた土の道である。

人里を囲む山々の尾根や谷々の起伏の多い道には、松林や杉木立の匂いが漂い、その上を通りすぎていく風に枝葉がさやぐ。落ち葉や枯れ草を踏みしだいて息切れしそうになりながら、石ころだらけの山道を歩いて行った。森や山、自然のうちに神と仏は存在し、人びとの祈りや思い、願いといったものが蓄積されている。山峡の襞々《ひだひだ》に、人びとの暮らしが刻みこまれている。それがいま、見失われようとしている。私は、そのような思いに駆られながら各地の山間の道を辿ってきた。

道は、その上を通りすぎた旅人のことを記憶しているにちがいない。

風化した石仏や道祖神、摩滅した道標や庚申塔《こうしんとう》、あるいは斃《たお》れた牛馬の供養塔。路傍の小祠や辻堂がある。そして、長年の風雨にさらされた岩石、年輪を重ねた樹木などが道の風景をつくりだしている。それは、山野、河川、海辺を連ねた一筋の線のような風景としての道である。その両側には神社や寺院などが奥まっている。

そこにあるのは、人びとの四季折々の暮らしとそれを取り囲む山野、自然との密接なかかわりである。

つまるところ、人の一生を支える山の神、野の仏、見えざるものへの願いや祈りである。自然のうちなる安らぎといってもよい。

このたびの「神仏霊場　巡拝の道」は、私が辿ってきた道の原風景に続いているのかもしれない。

私たちの遠い記憶の底から聞こえくるのは、何ものか。神と仏といってもよい、懐かしいものからの声である。私にとっては「静かにやさしくみ声聞こゆ」という讃美歌の一節である。生かされてあるかぎり辿る道。そんな道になればよい。

救いとは何か。まるで持続低音のように聞こえてくる私の内なる問いである。この国の異教徒である私にとって、つまるところ、それは神の許しと慰めという言葉で表されるかもしれない。私の信仰においてである。

しかし、なお、汝、その調べにあらず、という何ものかがある。それは、他ならぬ日本というこの国に生きる者としての拭い去ることのできぬ宗教的心情においてである。もっといえば荒野の民とは異なる感性において、とでもいえようか。その心情を一言でいうならば、山や森、自然のうちに安らぎを求める思いや願いそのものである。

それを救いといいうるか。長い道のりを辿りながら、絶えず、その問いがあった。いま、私たちが切実に求めているのは、生きることの意味である。それは生活することとの問題にとどまりはしない。経済的、社会的な活動の背景に奥深く隠されていたものが前景に引き出されてきたといってもいい。

そのことを痛切に感じたのは、一九九五年一月十七日早暁の阪神・淡路大震災によってである。あの時、震災を詠じた多くの和歌が各紙の歌壇に掲載された。なかでも眼をひいたのは、瓦礫の中の供花や廃墟に咲く草花や緑を残す木々の歌である。

一木一草に慰めと安らぎを得る。そして、生かされてあることに感謝する。私たち日本人が共有するのはこの感性である。その向こうに、人間を超えた何ものかが姿を顕わしてくるであろう。それを感得しながら命の限り生き続けること。それを救いというならば、私たち日本人は、自然において生を享け、自然に帰るところに宗教的な心情を抱き続けてきたのではないか。

震災後、被災地へ皇居に咲いた水仙の花束を携えて慰問された今上皇后が、バスの車窓越しに手話で「ガンバレ」といわれたことも生き残ってくれた国民への感謝と励ましであったに違いない。

穏やかな安らぎの境地。緩やかな救いといってもよい。私が山間や海辺の道を辿りながら、この国の神や仏を探し求めていたのも、そのようなものであったのだろう。

ここに、私の神と仏への道がある。共に、その道を歩き始める心準備に小著が役立つことができれば幸いである。

最後に、本書の刊行にあたり、編集工房・鯛夢主宰谷村和典氏、日本アート・センター社長福島輝男氏、集英社新書編集部編集長椛島良介氏に深甚なる感謝の意を表します。

なお、多くの方々の研究や資料に負うところがありますことを申し述べ謝意と致します。

平成二十年八月

124　44　三室戸寺　〒611-0013　宇治市菟道滋賀谷21
125　45　平等院　〒611-0021　宇治市宇治蓮華116
126　46　醍醐寺　〒601-1325　京都市伏見区醍醐東大路町22
127　47　毘沙門堂　〒607-8003　京都市山科区安朱稲荷山町18
128　48　浄瑠璃寺　〒619-1135　木津川市加茂町西小
129　49　岩船寺　〒619-1133　木津川市加茂町岩船上ノ門43
130　50　穴太寺　〒621-0029　亀岡市曾我部町穴太東ノ辻46
131　51　籠神社　〒629-2242　宮津市字大垣430
132　52　松尾寺　〒625-0010　舞鶴市松尾532

滋賀県

133　1　多賀大社　〒522-0341　犬上郡多賀町多賀604
134　2　田村神社　〒528-0211　甲賀市土山町北土山469
135　3　金剛輪寺　〒529-1202　愛知郡愛荘町松尾寺874
136　4　西明寺　〒522-0254　犬上郡甲良町池寺26
137　5　長濱八幡宮　〒526-0053　長浜市宮前町13-55
138　6　宝厳寺　〒526-0124　長浜市早崎町1664
139　7　観音正寺　〒521-1331　蒲生郡安土町石寺2
140　8　永源寺　〒527-0212　東近江市永源寺高野町41
141　9　百済寺　〒527-0144　東近江市百済寺町323
142　10　日牟禮八幡宮　〒523-0828　近江八幡市宮内町257
143　11　長命寺　〒523-0808　近江八幡市長命寺町157
144　12　御上神社　〒520-2323　野洲市三上838
145　13　建部大社　〒520-2132　大津市神領1-16-1
146　14　石山寺　〒520-0861　大津市石山寺1-1-1
147　15　園城寺（三井寺）　〒520-0036　大津市園城寺町246
148　16　西教寺　〒520-0113　大津市坂本5-13-1
149　17　日吉大社　〒520-0113　大津市坂本5-1-1
150　18　延暦寺　〒520-0116　大津市坂本本町4220

100　20　御靈神社（上御霊神社）　〒602-0896　京都市上京区上御霊竪町495

101　21　賀茂御祖神社（下鴨神社）　〒606-0807　京都市左京区下鴨泉川町59

102　22　賀茂別雷神社（上賀茂神社）　〒603-8047　京都市北区上賀茂本山339

103　23　鞍馬寺　〒601-1111　京都市左京区鞍馬本町1074

104　24　貴船神社　〒601-1112　京都市左京区鞍馬貴船町180

105　25　寂光院　〒601-1248　京都市左京区大原草生町676

106　26　三千院　〒601-1242　京都市左京区大原来迎院町540

107　27　赤山禅院　〒606-8036　京都市左京区修学院開根坊町18

108　28　曼殊院　〒606-8134　京都市左京区一乗寺竹ノ内町42

109　29　慈照寺（銀閣寺）　〒606-8402　京都市左京区銀閣寺町2

110　30　吉田神社　〒606-8311　京都市左京区吉田神楽岡町30

111　31　真正極楽寺　〒606-8414　京都市左京区浄土寺真如町82

112　32　聖護院　〒606-8324　京都市左京区聖護院中町15

113　33　平安神宮　〒606-8341　京都市左京区岡崎西天王町97

114　34　行願寺　〒604-0991　京都市中京区行願寺門前町

115　35　青蓮院　〒605-0035　京都市東山区粟田口三条坊町69-1

116　36　八坂神社　〒605-0073　京都市東山区祇園町北側625

117　37　清水寺　〒605-0862　京都市東山区清水1-294

118　38　六波羅蜜寺　〒605-0813　京都市東山区松原通大和大路東入2丁目轆轤町

119　39　妙法院　〒605-0932　京都市東山区妙法院前側町447

120　40　智積院　〒605-0951　京都市東山区東大路通七条下ル東瓦町964

121　41　泉涌寺　〒605-0977　京都市東山区泉涌寺山内町27

122　42　観音寺　〒605-0977　京都市東山区泉涌寺山内町32

123　43　伏見稲荷大社　〒612-0882　京都市伏見区深草藪之内町68

74　9　廣峯神社　〒670-0891　姫路市広嶺山52
75　10　圓教寺　〒671-2201　姫路市書写2968
76　11　赤穂大石神社　〒678-0235　赤穂市上仮屋旧城内
77　12　一乗寺　〒675-2222　加西市坂本町821-17
78　13　播州清水寺　〒673-1402　加東市平木1194
79　14　清荒神清澄寺　〒665-0837　宝塚市米谷字清シ1
80　15　中山寺　〒665-8588　宝塚市中山寺2-11-1

京都府
81　1　石清水八幡宮　〒614-8588　八幡市八幡高坊30
82　2　御香宮神社　〒612-8039　京都市伏見区御香宮門前町174
83　3　城南宮　〒612-8459　京都市伏見区中島鳥羽離宮町7
84　4　教王護国寺（東寺）　〒601-8473　京都市南区九条町1
85　5　善峯寺　〒610-1133　京都市西京区大原野小塩町1372
86　6　大原野神社　〒610-1153　京都市西京区大原野南春日町1152
87　7　松尾大社　〒616-0024　京都市西京区嵐山宮町3
88　8　天龍寺　〒616-8385　京都市右京区嵯峨天龍寺芒ノ馬場町68
89　9　大覚寺　〒616-8411　京都市右京区嵯峨大沢町4
90　10　神護寺　〒616-8292　京都市右京区梅ケ畑高雄町5
91　11　車折神社　〒616-8343　京都市右京区嵯峨朝日町23
92　12　仁和寺　〒616-8092　京都市右京区御室大内33
93　13　鹿苑寺（金閣寺）　〒603-8361　京都市北区金閣寺町1
94　14　平野神社　〒603-8322　京都市北区平野宮本町1
95　15　北野天満宮　〒602-8386　京都市上京区馬喰町
96　16　今宮神社　〒603-8243　京都市北区紫野今宮町21
97　17　宝鏡寺　〒602-0072　京都市上京区寺之内通堀川東入
98　18　大聖寺　〒602-0023　京都市上京区烏丸通り今出川上ル
99　19　相国寺　〒602-0898　京都市上京区相国寺門前町701

47　6　法楽寺　〒546-0035　大阪市東住吉区山坂1-18-30
48　7　生國魂神社　〒543-0071　大阪市天王寺区生玉町13-9
49　8　坐摩神社　〒541-0056　大阪市中央区久太郎町4丁目渡辺3
50　9　大阪天満宮　〒530-0041　大阪市北区天神橋2-1-8
51　10　太融寺　〒530-0051　大阪市北区太融寺町3-7
52　11　施福寺　〒594-1131　和泉市槇尾山町136
53　12　水間寺　〒597-0104　貝塚市水間638
54　13　七宝瀧寺　〒598-0023　泉佐野市大木8
55　14　金剛寺　〒586-0086　河内長野市天野町996
56　15　観心寺　〒586-0053　河内長野市寺元475
57　16　叡福寺　〒583-0995　南河内郡太子町太子2146
58　17　道明寺天満宮　〒583-0012　藤井寺市道明寺1-16-40
59　18　葛井寺　〒583-0024　藤井寺市藤井寺1-16-21
60　19　枚岡神社　〒579-8033　東大阪市出雲井町7-16
61　20　四條畷神社　〒575-0021　四條畷市南野2-18-1
62　21　水無瀬神宮　〒618-0011　三島郡島本町広瀬3-10-24
63　22　総持寺　〒567-0801　茨木市総持寺1-6-1
64　23　神峯山寺　〒569-1051　高槻市原3301-1
65　24　勝尾寺　〒562-8508　箕面市粟生間谷2914-1

兵庫県

66　1　生田神社　〒650-0011　神戸市中央区下山手通1-2-1
67　2　西宮神社　〒662-0974　西宮市社家町1-17
68　3　廣田神社　〒662-0867　西宮市大社町7-7
69　4　忉利天上寺　〒657-0105　神戸市灘区摩耶山町2-12
70　5　湊川神社　〒650-0015　神戸市中央区多聞通3-1-1
71　6　長田神社　〒653-0812　神戸市長田区長田町3-1-1
72　7　須磨寺　〒654-0071　神戸市須磨区須磨寺町4-6-8
73　8　海神社　〒655-0028　神戸市垂水区宮本町5-1

19　6　石上神宮　〒632-0014　天理市布留町384
20　7　大和神社　〒632-0057　天理市新泉町星山306
21　8　大神神社　〒633-8538　桜井市三輪1422
22　9　法華寺　〒630-8001　奈良市法華寺町882
23　10　西大寺　〒631-0825　奈良市西大寺芝町1-1-5
24　11　唐招提寺　〒630-8032　奈良市五条町13-46
25　12　薬師寺　〒630-8563　奈良市西ノ京町457
26　13　法隆寺　〒636-0115　生駒郡斑鳩町法隆寺山内1-1
27　14　中宮寺　〒636-0111　生駒郡斑鳩町法隆寺北1-1-2
28　15　霊山寺　〒631-0052　奈良市中町3879
29　16　宝山寺　〒630-0266　生駒市門前町1-1
30　17　朝護孫子寺　〒636-0923　生駒郡平群町信貴山2280-1
31　18　廣瀬大社　〒636-0051　北葛城郡河合町川合99
32　19　當麻寺　〒639-0276　葛城市當麻1263
33　20　橿原神宮　〒634-8550　橿原市久米町934
34　21　安倍文殊院　〒633-0054　桜井市阿部645
35　22　長谷寺　〒633-0193　桜井市初瀬731-1
36　23　室生寺　〒633-0421　宇陀市室生区室生78
37　24　談山神社　〒633-0032　桜井市多武峰319
38　25　南法華寺（壺阪寺）　〒635-0102　高市郡高取町壺阪3
39　26　金峯山寺　〒639-3115　吉野郡吉野町吉野山2498
40　27　丹生川上神社上社　〒639-3553　吉野郡川上村迫869-1
41　28　丹生川上神社　〒633-2431　吉野郡東吉野村小968

大阪府

42　1　住吉大社　〒558-0045　大阪市住吉区住吉2-9-89
43　2　四天王寺　〒543-0051　大阪市天王寺区四天王寺1-11-18
44　3　阿部野神社　〒545-0035　大阪市阿倍野区北畠3-7-20
45　4　今宮戎神社　〒556-0003　大阪市浪速区恵美須西1-6-10
46　5　大念沸寺　〒547-0045　大阪市平野区平野上町1-7-26

■神仏霊場一覧

特別参拝

皇大神宮（神宮内宮）　〒516-0023　伊勢市宇治館町1

豊受大神宮（神宮外宮）　〒516-0042　伊勢市豊川町279

和歌山県

1　1　熊野速玉大社　〒647-0081　新宮市新宮1

2　2　青岸渡寺　〒649-5301　東牟婁郡那智勝浦町那智山8

3　3　熊野那智大社　〒649-5301　東牟婁郡那智勝浦町那智山1

4　4　熊野本宮大社　〒647-1731　田辺市本宮町本宮1110

5　5　闘雞神社　〒646-0031　田辺市湊655

6　6　道成寺　〒649-1331　日高郡日高川町鐘巻1738

7　7　藤白神社　〒642-0034　海南市藤白466

8　8　竈山神社　〒641-0004　和歌山市和田438

9　9　根来寺　〒649-6202　岩出市根来2286

10　10　慈尊院　〒648-0151　伊都郡九度山町慈尊院832

11　11　丹生官省符神社　〒648-0151　伊都郡九度山町慈尊院835

12　12　丹生都比賣神社　〒649-7141　伊都郡かつらぎ町上天野230

13　13　金剛峯寺　〒648-0294　伊都郡高野町高野山132

奈良県

14　1　東大寺　〒630-8587　奈良市雑司町406-1

15　2　春日大社　〒630-8212　奈良市春日野町160

16　3　興福寺　〒630-8213　奈良市登大路町48

17　4　大安寺　〒630-8133　奈良市大安寺2-18-1

18　5　帯解寺　〒630-8444　奈良市今市町734

廣川勝美（ひろかわ　かつみ）

一九三六年徳島県生まれ。同志社大学文学部名誉教授。「こころの道推進会議」代表幹事、神仏霊場会組織委員長。同志社大学文学部国文科卒業、同大学院文学研究科国文学専攻修了（研究テーマ「源氏物語と浄土思想」）。『ものがたり研究序説』（桜楓社）で文学博士号。著書に『犯しと異人』『深層の天皇』（ともに人文書院）、『源氏物語探求―都城と儀式―』（おうふう）他多数。

神《かみ》と仏《ほとけ》の風景《ふうけい》「こころの道《みち》」

集英社新書〇四五六C

二〇〇八年八月二四日　第一刷発行

著者……廣《ひろ》川《かわ》勝《かつ》美《み》

発行者……大谷和之

発行所……株式会社集英社

東京都千代田区一ツ橋二-五-一〇　郵便番号一〇一-八〇五〇

電話　〇三-三二三〇-六三九一（編集部）
〇三-三二三〇-六三九三（販売部）
〇三-三二三〇-六〇八〇（読者係）

装幀……原　研哉

印刷所……大日本印刷株式会社　凸版印刷株式会社

製本所……加藤製本株式会社

定価はカバーに表示してあります。

ISBN 978-4-08-720456-8 C0214

Printed in Japan

a pilot of wisdom

a pilot of wisdom

集英社新書　好評既刊

悩む力
姜尚中　0444-C
文明社会に生きる苦しみを直視した漱石とウェーバーの言葉から、苦悩と向き合い強さを摑む生き方を提唱。

悲恋の詩人 ダウスン
南條竹則　0445-F
19世紀末英国、貧苦と失恋と病と酒に彩られた天才詩人の生涯と作品を紹介。「究極の詩人」の本邦初の評伝。

大名屋敷の謎
安藤優一郎　0446-D
お殿様の江戸のお屋敷に出入りする御用の人々が見た生活事情と経済の仕組み。ちょっぴり臭ーい話題満載。

10秒の壁
小川 勝　0447-H
40年前の陸上100mにも現在の競泳のような「革命」があった！　スポーツと記録と時代を巡る熱きドラマ。

里山ビジネス
玉村豊男　0448-B
一見無謀なワイナリー&レストラン事業が何故成功したか？　持続する新しいビジネスのヒントがここに！

イタリア貴族養成講座
彌勒忠史　0449-D
食事、ダンス、音楽など社交のノウハウ、セレブのたしなみとは。ルネサンスの貴族たちの驚くべき生活！

狂気の核武装大国アメリカ
ヘレン・カルディコット　0450-A
冷戦後も核武装に狂奔する最大の軍事国家アメリカ。圧倒的な調査力をベースに危険な核大国の実態を暴く。

夫婦の格式
橋田壽賀子　0451-C
「おしん」「渡る世間は鬼ばかり」の作者による、時代に媚びない男女論。夫婦再生の秘訣が今、明かされる。

コーカサス 国際関係の十字路
廣瀬陽子　0452-A
石油など天然資源の存在や、地域紛争で注目を集める「東洋と西洋の分岐点」を国際問題に着目して概観。

フィンランド 豊かさのメソッド
堀内都喜子　0453-B
教育力や福祉力で注目を集める「不思議で豊かな国」の素顔とは。現地で学んだ貴重な体験をもとに描く。